HMH

expresiones en matemáticas

Dra. Karen C. Fuson

Observa cómo cobra vida la rana en su estanque a medida que descubres y resuelves retos matemáticos.

Descarga la aplicación *Math Worlds AR* disponible para dispositivos Android o iOs.

Grado 1

Volumen 1

This material is based upon work supported by the
National Science Foundation
under Grant Numbers
ESI-9816320, REC-9806020, and RED-935373.

Any opinions, findings, and conclusions, or recommendations expressed in this material are those of the author and do not necessarily reflect the views of the National Science Foundation.

Printed in the U.S.A.

ISBN 978-1-328-51960-3

15 2026

4500927673 A B C D E F G

Unidad 1

Partes y patrones de números hasta 10

LA GRAN IDEA 1 - Números hasta 10

LA GRAN IDEA 2 - Patrones con partes hasta 10

LA GRAN IDEA 3 - Hallar y crear patrones

Unidad 2

Estrategias de suma y resta

LA GRAN IDEA 1 - Representar situaciones de suma

LA GRAN IDEA 2 - Resolver ecuaciones de suma

LA GRAN IDEA 3 - Resolver ecuaciones de resta

LA GRAN IDEA 4 - Exploración de ecuaciones

Unidad 3 Números desconocidos en la suma y la resta

LA GRAN IDEA 1 - Contar hacia adelante con situaciones de suma

LA GRAN IDEA 2 - Contar hacia adelante con situaciones de resta

Números desconocidos en la suma y la resta (continuación)

LA GRAN IDEA 3 - Problemas mixtos

Unidad 4

Conceptos de valor posicional y dinero

LA GRAN IDEA 1 - Decenas y números del 11 al 19

LA GRAN IDEA 2 - Valor posicional hasta el 100

Conceptos de valor posicional y dinero (continuación)

LA GRAN IDEA 3 - Estrategias de suma

LA GRAN IDEA 4 - Entender el dinero

Recursos del estudiante

Dear Family:

Your child is learning math in an innovative program that interweaves abstract mathematical concepts with the everyday experiences of children. This helps children to understand math better.

In this program, your child will learn math and have fun by

- working with objects and making drawings of math situations
- working with other children and sharing problem-solving strategies with them
- writing and solving problems and connecting math to daily life
- helping classmates learn

Your child will have homework almost every day. He or she needs a **Homework Helper.** The helper may be anyone—you, an older brother or sister (or other family member), a neighbor, or a friend. Make a specific time for homework and provide your child with a quiet place to work (for example, no TV). Encourage your child to talk about what is happening in math class.

In Lessons 1 and 2, your child will learn to see numbers as a group of 5 and extra ones. Making mental pictures by grouping units in this way will later help your child add and subtract quickly. Children benefit greatly from learning to "see" numbers without counting every unit.

Please fill out the following and return it to the teacher.

My child ______________________ will have ______________________ as his or her
(child's name) (Homework Helper's name)

Homework Helper. This person is my child's ______________________.
(relationship to child)

Children start exploring these 5-groups by looking at dots arranged in a row of 5 plus some extra ones. Below are samples that show the numbers from 6 through 10.

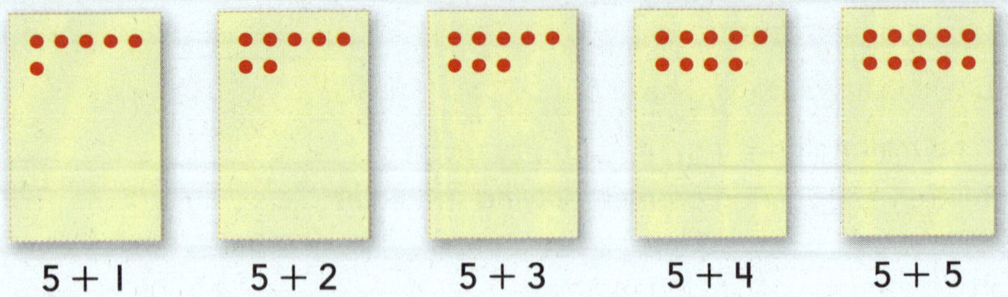

The teacher gives the children a number and asks them to say it as a 5 plus extra ones. Children say the numbers in order at first. Later they can "see" the quantities even when the numbers are shown randomly.

On some homework pages, you will find instructions that ask children to "see the 5." Your child is being encouraged to make a mental picture of a number that contains a 5-group. Later, the children will be asked to see groups of 10 by combining two 5-groups. This will help them learn place value.

It takes repeated exposure to such groups for children to see the numbers quickly. Many of the visual aids in your child's classroom include 5-groups. Children tend to absorb these visual patterns without realizing it.

If you have any questions or if your child is having problems with math, please contact me.

Sincerely,
Your child's teacher

Estimada familia:

Su niño está aprendiendo matemáticas con un programa innovador que relaciona conceptos matemáticos abstractos con la experiencia diaria de los niños. Esto ayuda a los niños a entender mejor las matemáticas.

Con este programa, su niño aprenderá matemáticas y se divertirá mientras:

- trabaja con objetos y hace dibujos de problemas matemáticos;
- trabaja con otros niños y comparte estrategias para resolver problemas;
- escribe y resuelve problemas y relaciona las matemáticas con la vida diaria;
- ayuda a sus compañeros a aprender.

Su niño tendrá tarea casi todos los días y necesita a **una persona que lo ayude con la tarea**. Esa persona puede ser usted, un hermano mayor (u otro familiar), un vecino o un amigo. Establezca una hora para la tarea y ofrezca a su niño un lugar tranquilo donde trabajar (por ejemplo un lugar sin TV). Anime a su niño a comentar lo que está aprendiendo en la clase de matemáticas.

En las Lecciones 1 y 2, su niño aprenderá a ver los números como un grupo de 5 más otras unidades. El hecho de agrupar mentalmente unidades de esa manera ayudará a su niño a sumar y restar rápidamente en el futuro. Los niños se benefician muchísimo de aprender a "ver" los números sin contar cada unidad.

Por favor complete la siguiente información y devuelva este formulario al maestro.

La persona que ayudará a mi niño ______________________________ es
(nombre del niño)

______________________ . Esta persona es ______________________ de mi niño.
(nombre de la persona) (relación con el niño)

Los niños comienzan a practicar con estos grupos de 5 observando puntos distribuidos en una fila de 5 más otras unidades. Estos ejemplos muestran los números del 6 al 10.

5 + 1 5 + 2 5 + 3 5 + 4 5 + 5

El maestro les da un número a los niños y les pide que lo digan como 5 más otras unidades. Al principio, los niños dicen los números en orden. Más adelante pueden "ver" las cantidades incluso cuando los números se muestran sin un orden específico.

En algunas páginas de tarea hallará instrucciones que piden a los niños "ver el número 5". A su niño se le está animando a que visualice un número que contenga un grupo de 5. Más adelante, se les pedirá que vean grupos de 10, combinando dos grupos de 5. Esto les ayudará a aprender el valor posicional.

Es necesario que los niños practiquen muchas veces los grupos de este tipo para que puedan llegar a ver los números rápidamente. Muchas de las ayudas visuales que hay en el salón de clase incluyen grupos de 5. Los niños tienden a absorber estos patrones visuales sin darse cuenta.

Si tiene alguna pregunta o algún comentario, por favor comuníquese conmigo.

Atentamente,
El maestro de su niño

dobles	**patrón que se repite**
patrón de aumento	**patrón de disminución**
patrón	

$4 + 4 = 8$

Ambas partes son iguales; son **dobles**.

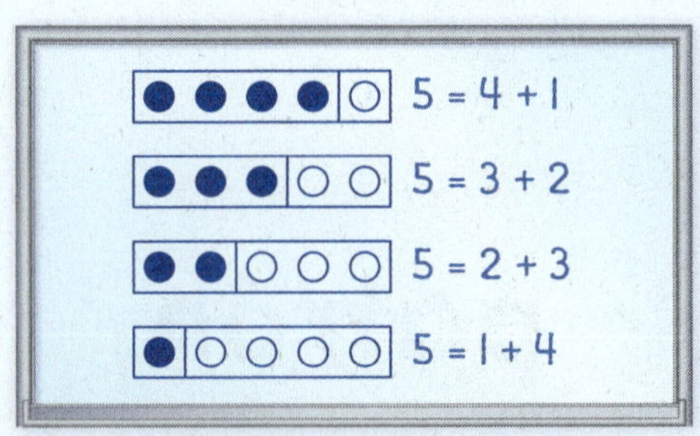

Las partes de un número muestran un **patrón**.

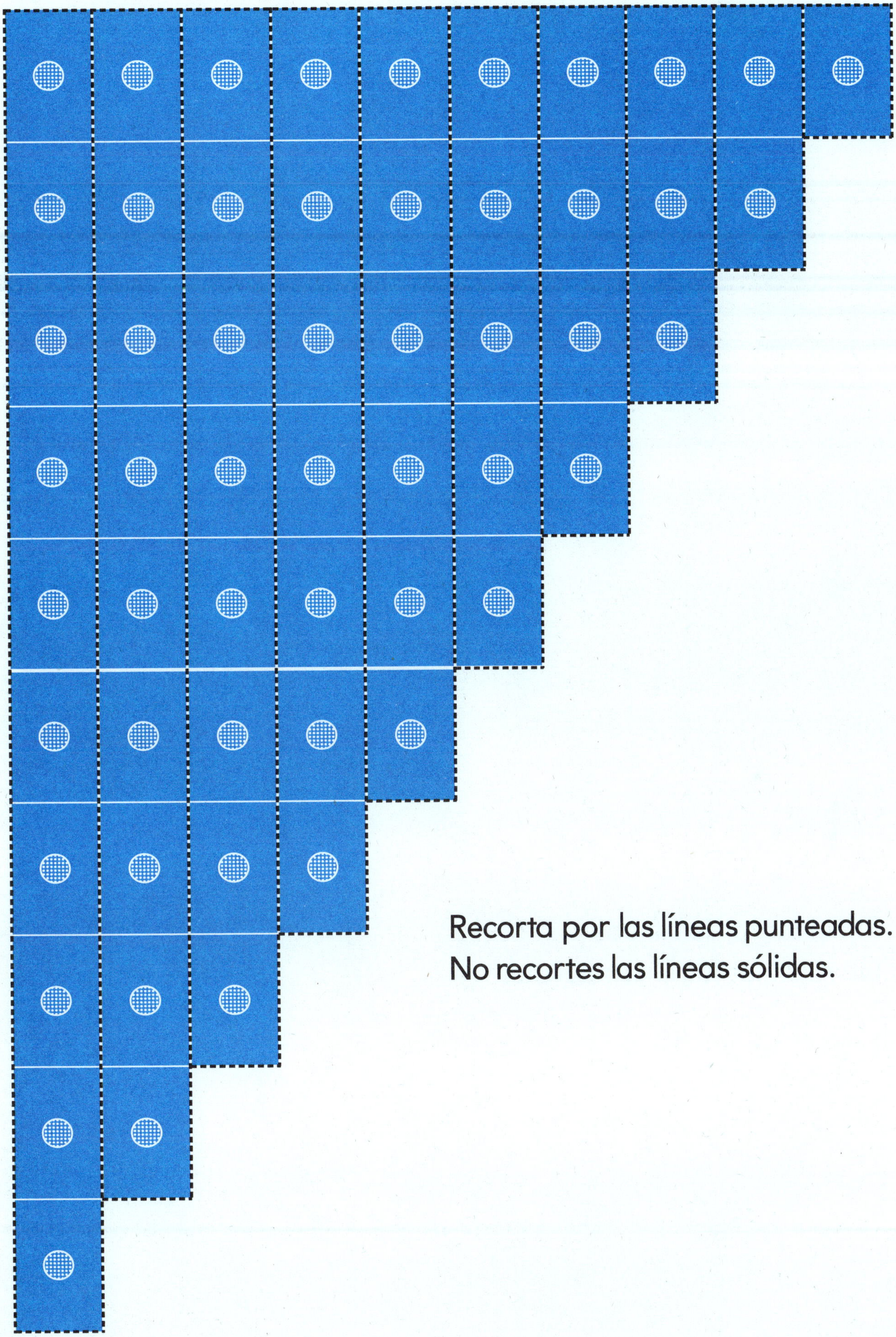

Recorta por las líneas punteadas.
No recortes las líneas sólidas.

Recorta por las líneas punteadas.
No recortes las líneas sólidas.

Nombre ____________________

Escribe cuántos puntos hay.

1

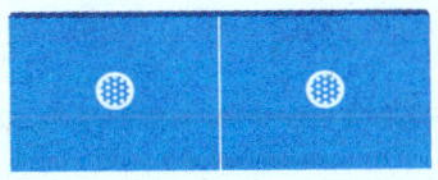

1 y 1 más es ____.

2

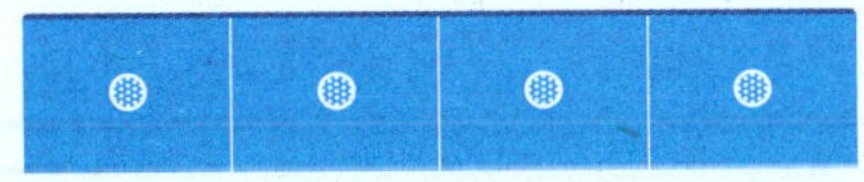

3 y 1 más es ____.

3

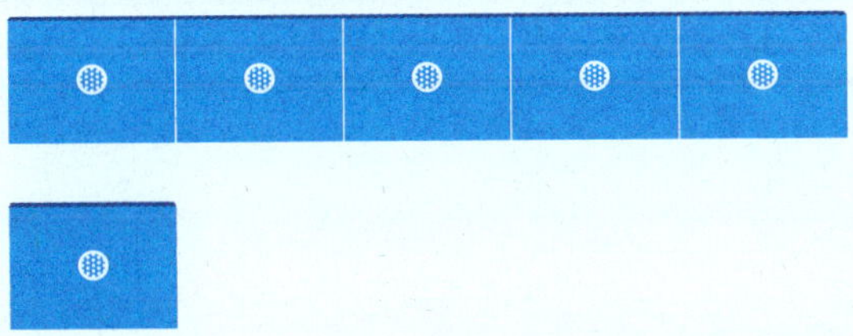

5 y 1 más es ____.

4

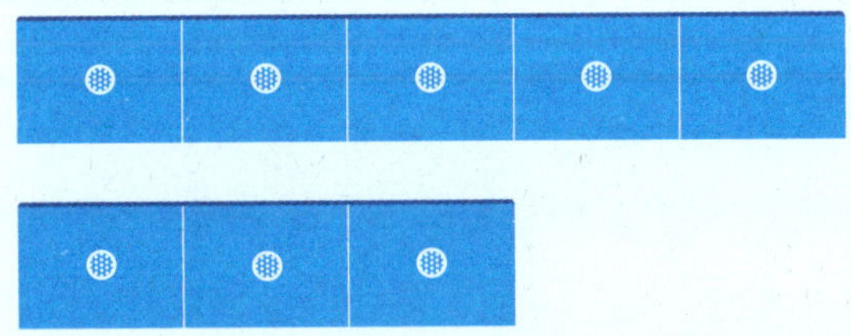

5 y 3 más es ____.

5

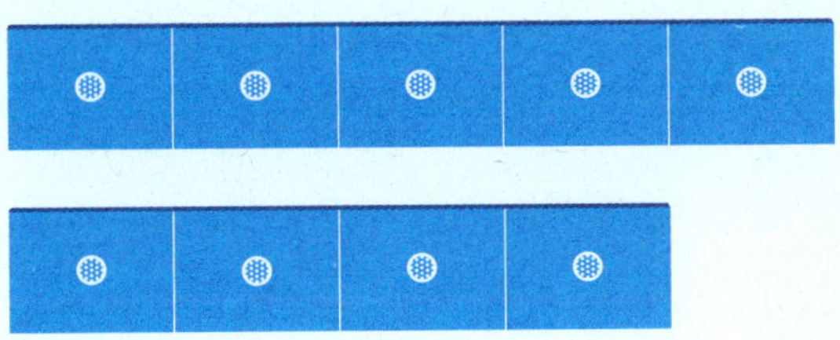

5 y 4 más es ____.

6

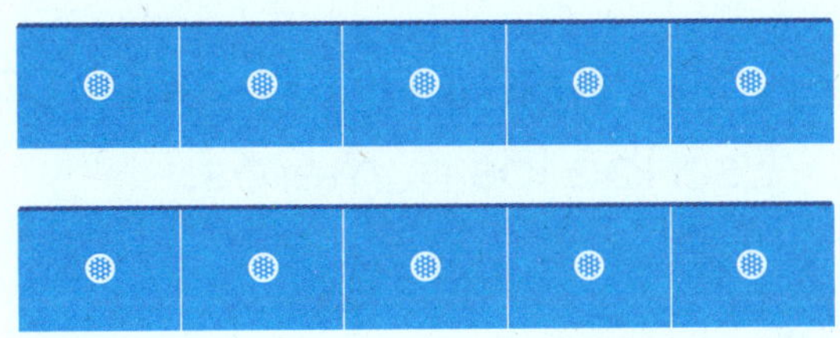

5 y 5 más es ____.

7 5 cuervos en fila
y 4 abajo.
¿Ahora cuántos cuervos
hay en total?

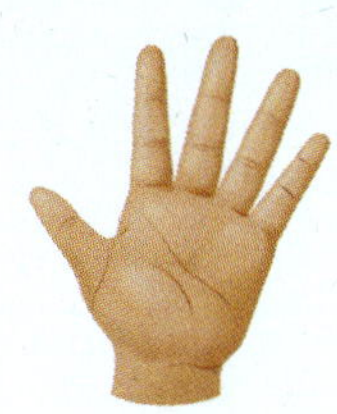

5 en fila

____ cuervos

4 abajo

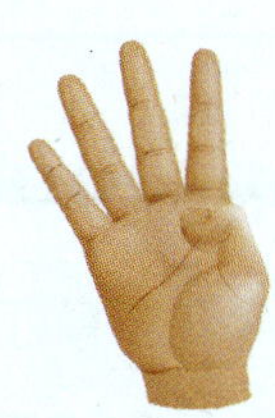

Resuelve.

8. Chen dice que 5 y 4 más es 7.
Ayúdalo a hallar el error.

Dibuja para explicar.

5 y 4 más es ☐.

9. Usa un grupo de 5 para calcular cuántos hay.
Escribe los números.

____ y 3 más es ____.

Dibuja para explicar.

Comprobar la comprensión

Explica cómo usar Escalones para mostrar 6 como un grupo de 5 y unidades adicionales.

1

2

3

4

5

6

7

8

9

10

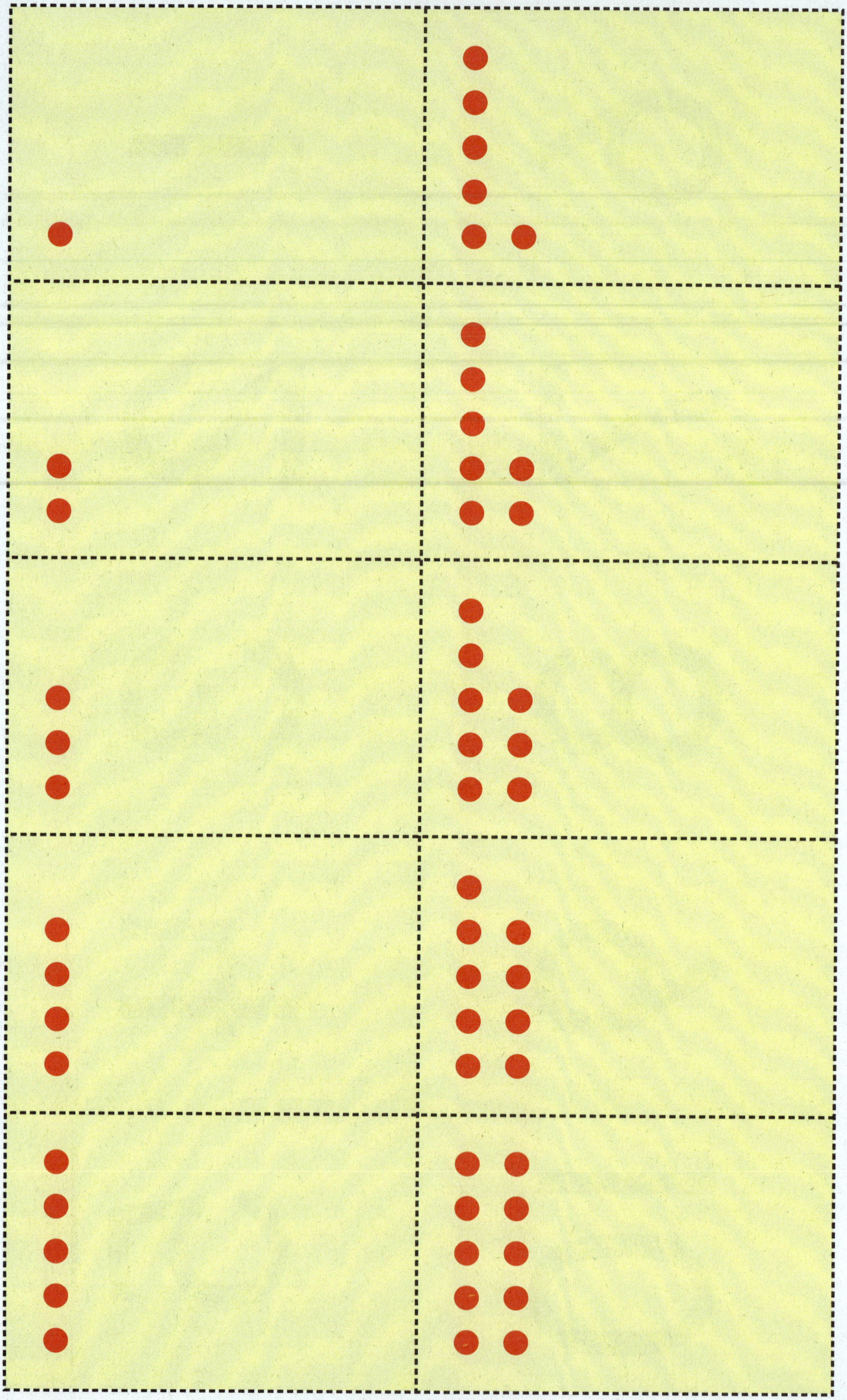

Nombre ____________________

Encierra en un círculo el grupo de 5. Escribe cuántos puntos hay.

1 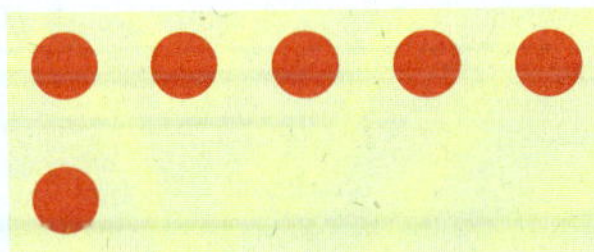 ☐

2 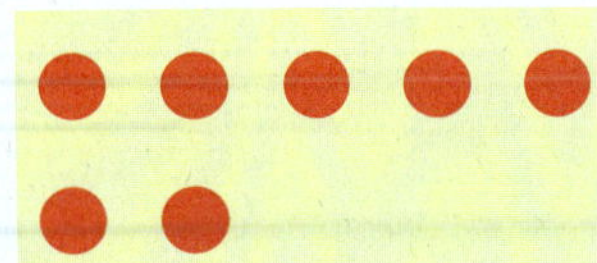 ☐

3 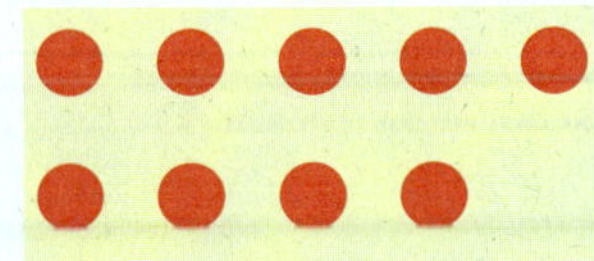 ☐

4 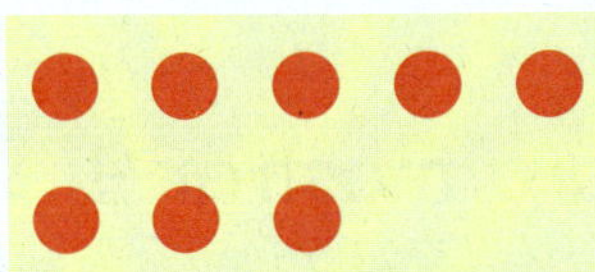 ☐

5 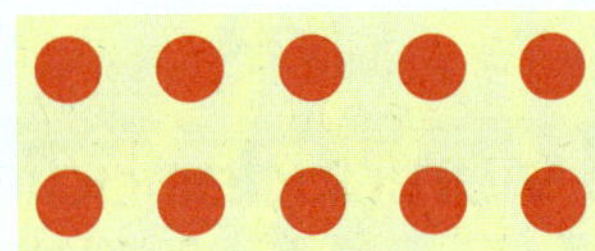 ☐

6 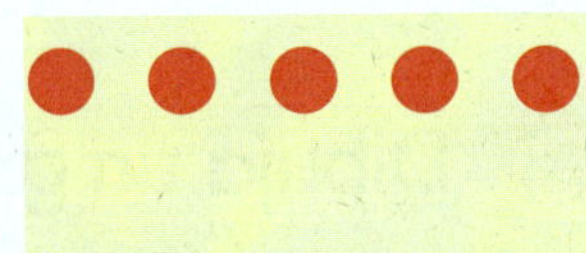 ☐

7 Empareja los puntos con el 5 más unidades adicionales.

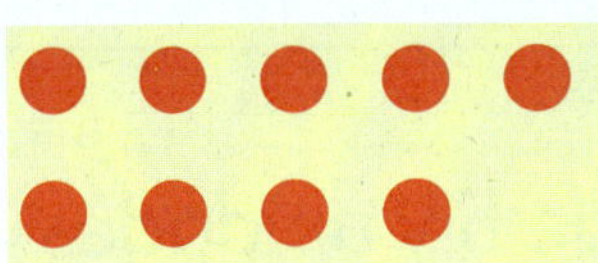 •	• 5 + 1
 •	• 5 + 3
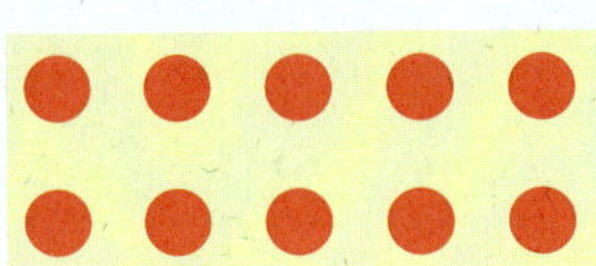 •	• 5 + 4
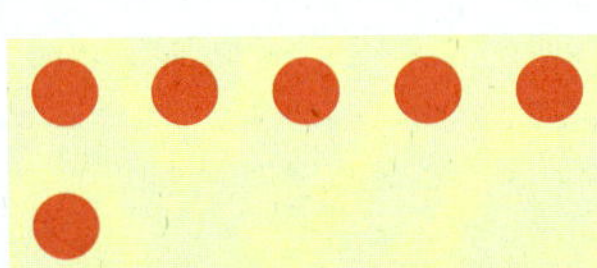 •	• 5 + 2
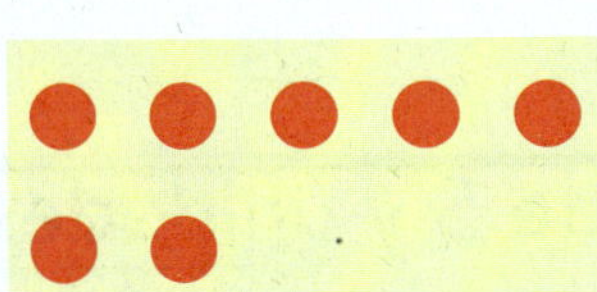 •	• 5 + 5

8 Dibuja un grupo de 5 y unidades adicionales para mostrar 6.

9 Dibuja un grupo de 5 y unidades adicionales para mostrar 9.

10 Crea un problema para el 7. Dibuja un grupo de 5 y unidades adicionales para mostrar tu problema.

____

____

____

____

Comprobar la comprensión

Muestra números del 6 al 10 como grupos de 5 y unidades adicionales.

Prueba rápida I de la Unidad I

Nombre ____________________ Fecha ____________

Observa el grupo de 5.
Dibuja puntos adicionales para mostrar el número.

1 8

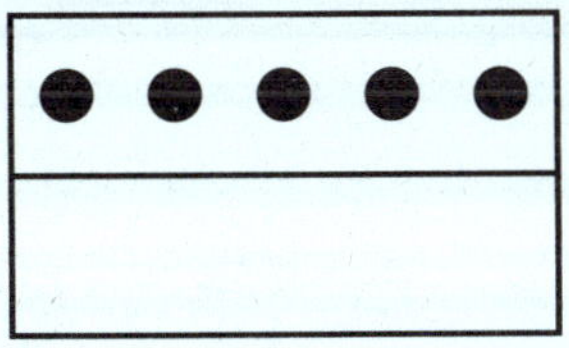

2 10

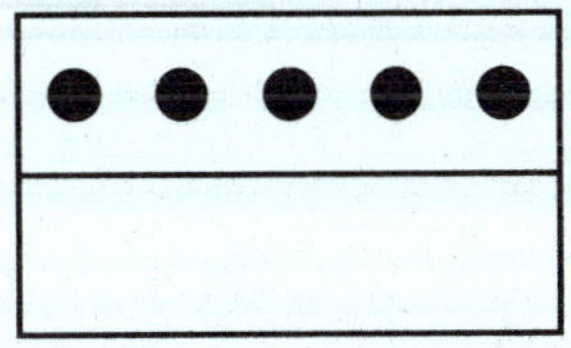

Observa el grupo de 5.
Escribe cuántos puntos hay.

3

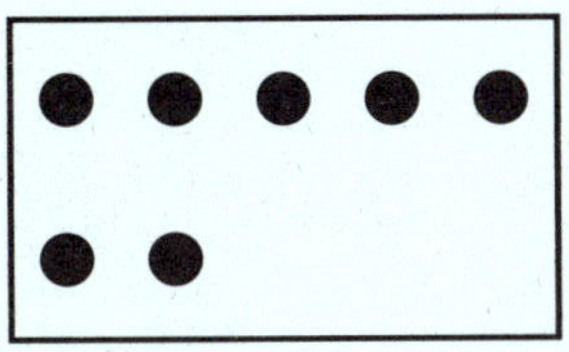

4

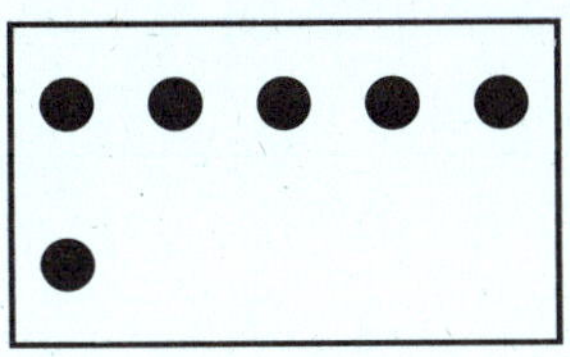

5

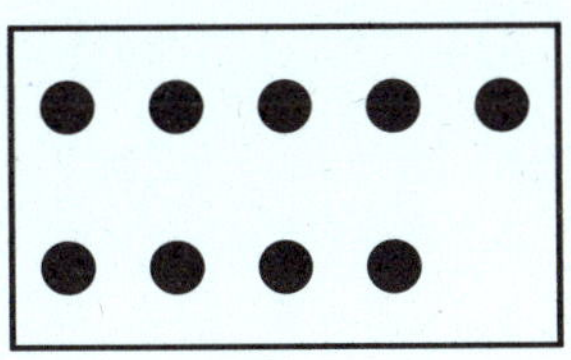

Comprobar la estrategia 1

Nombre ______________________________ Fecha ____________

1 Muestra 9 como un grupo de 5 y unidades adicionales.

2 Usa palabras o dibujos para crear un problema para el 9.

Dear Family:

Your child is learning to find the smaller numbers that are "hiding" inside a larger number. He or she will be participating in activities that will help him or her master addition, subtraction, and equation building.

To make the concepts clear, this program uses some special vocabulary and materials that we would like to share. Below are two important terms that your child is learning:

- **Partners:** Partners are two numbers that can be put together to make a larger number. For example, 2 and 5 are partners that go together to make the number 7.
- **Break Apart:** Children can "break apart" a larger number to form two smaller numbers. Your child is using objects and drawings to explore ways of "breaking apart" numbers of ten or less.

Partners of 7

Children can discover the break-aparts of a number with circle drawings. They first draw the "Break-Apart Stick" and then color the circles to show the different partners, as shown below. Sometimes they also write the partners on a special partner train, which is also shown below.

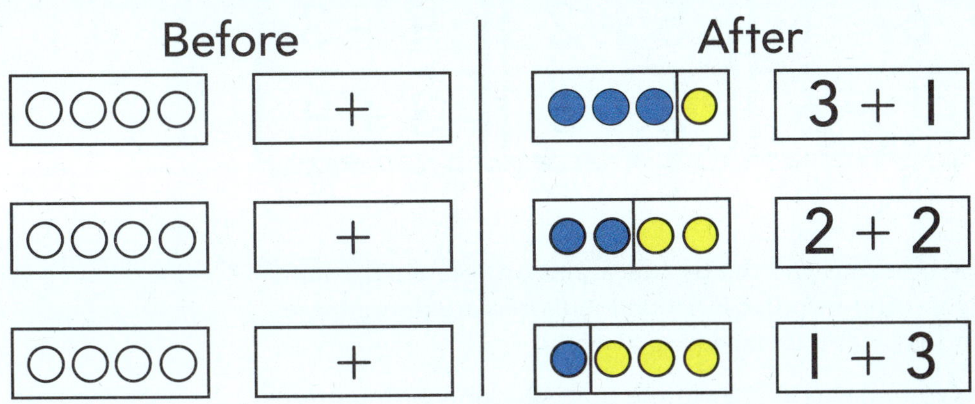

4-train

Later, children will discover that partners can change places without changing the total. This concept is called "switch the partners." Once children understand switching partners, they can find the break-aparts of a number more quickly. They simply switch each pair of partners as they discover them.

Shown below are the break-aparts and switched partners of the number 7. Sometimes children also write this information on a double-decker train.

Break-Aparts of 7

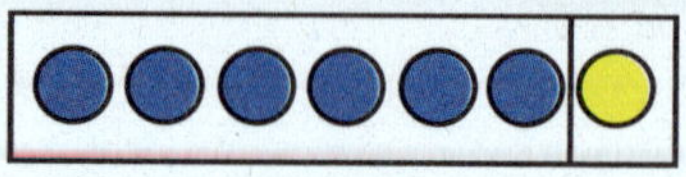

6 + 1 or 1 + 6

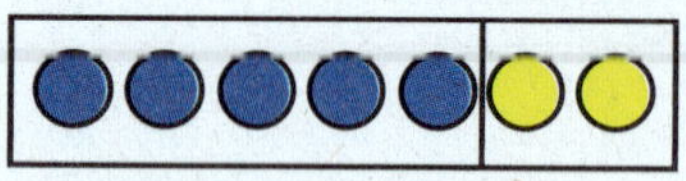

5 + 2 or 2 + 5

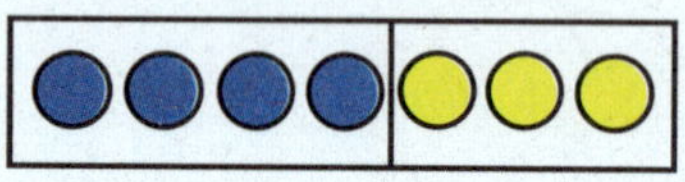

4 + 3 or 3 + 4

Double-Decker Train

7-train

You will see the circle drawings and the partner trains on your child's math homework. Be ready to offer help if it is needed. Children are doing these activities in class, but they may still need help at home.

Children are introduced to patterns later in the unit. Working with patterns helps children develop an understanding of mathematical relationships. They learn to identify, extend, and complete repeating, growing, and shrinking patterns. Ask your child to look for different patterns around them. For example, they may find patterns on clothing, furniture, or rugs.

If you have any questions or problems, please contact me.

Sincerely,
Your child's teacher

Estimada familia:

Su niño está aprendiendo a hallar los números más pequeños que están "escondidos" dentro de un número más grande. Va a participar en actividades que le ayudarán a dominar la suma, la resta y la formación de ecuaciones.

Para clarificar los conceptos, este programa usa un vocabulario especial y algunos materiales que nos gustaría mostrarle. A continuación hay dos términos importantes que su niño está aprendiendo:

- **Partes:** Partes son dos números que se pueden unir para formar un número más grande. Por ejemplo, 2 y 5 son partes que se unen para formar el número 7.
- **Separar:** Los niños pueden "separar" un número más grande para formar dos números más pequeños. Su niño está usando objetos y dibujos para explorar maneras de "separar" números iguales o menores que diez.

Partes de 7

Los niños pueden separar un número usando dibujos de círculos. Primero dibujan un "palito de separación" y luego colorean los círculos para indicar las partes, como se muestra a continuación. A veces los niños anotan las partes en un tren de partes especial, que también se muestra a continuación.

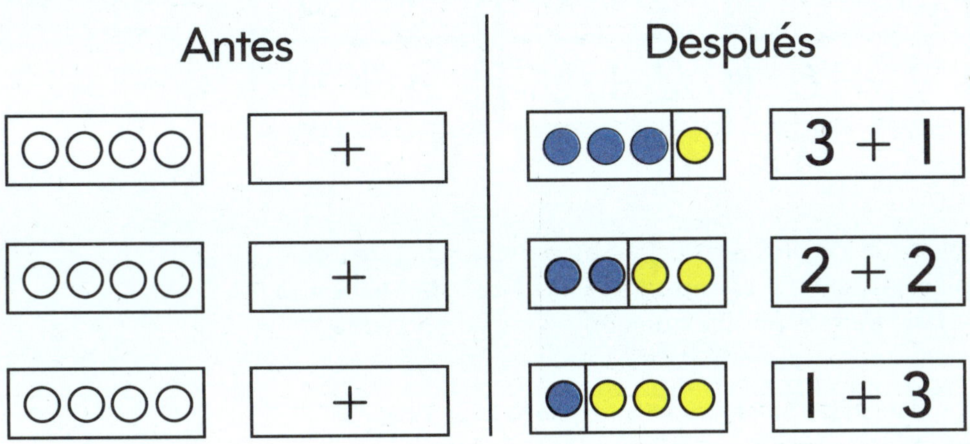

Tren de 4

Luego, los niños van a aprender que las partes pueden intercambiar su posición sin que varíe el total. Este concepto se llama "cambiar el orden de las partes". Una vez que los niños entienden el cambio del orden de las partes, pueden encontrar las partes de un número con más rapidez. Sencillamente cambian cada par de partes a medida que las encuentran.

A continuación están las partes, y las partes en otro orden, del número 7. A veces los niños escriben esta información en un tren de dos pisos.

Partes de 7

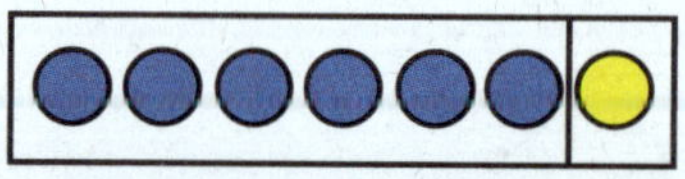

6 + 1 y 1 + 6

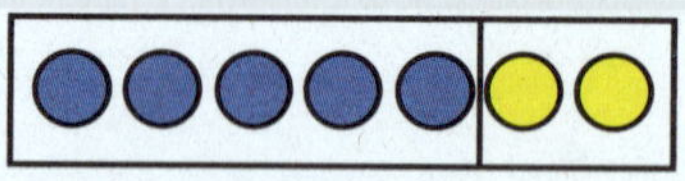

5 + 2 y 2 + 5

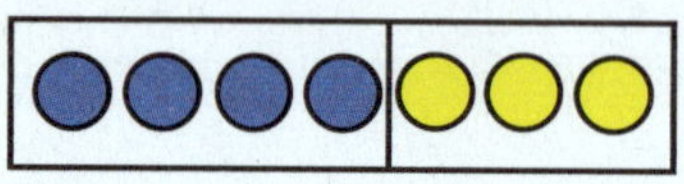

4 + 3 y 3 + 4

Tren de dos pisos

Tren de 7

Usted verá los dibujos de los círculos y los trenes de partes en la tarea de matemáticas de su niño. Ayúdelo, si es necesario. Los niños están haciendo estas actividades en clase, pero es posible que aún así necesiten ayuda en casa.

Más adelante en la unidad se les presentarán a los niños los patrones. Trabajar con patrones ayuda a los niños a desarrollar la comprensión de la relación matemática. Aprenden a identificar, ampliar y completar los patrones que se repiten, aumentan y disminuyen. Pida a su niño que busque patrones diferentes a su alrededor. Por ejemplo, pueden hallar patrones en ropa, muebles o alfombras.

Si tiene preguntas o dudas, por favor comuníquese conmigo.

Atentamente,
El maestro de su niño

Nombre ______________________

Escribe las partes.

1

●●●●|○ $5 = 4 + 1$

●●●|○○ $5 =$ ______

●●|○○○ $5 =$ ______

●|○○○○ $5 =$ ______

2

●●●|○ $4 = 3 + 1$

●●|○○ $4 =$ ______

●|○○○ $4 =$ ______

3

●●|○ $3 = 2 + 1$

●|○○ $3 =$ ______

4

●|○ $2 =$ ______

5

5 → ☐ ☐ 5 → ☐ ☐ 5 → ☐ ☐ 5 → ☐ ☐

6

4 → ☐ ☐ 4 → ☐ ☐ 4 → ☐ ☐

Usa **patrones** para resolver.

VOCABULARIO
patrones

7 $2 + 0 = \square$ $5 + 0 = \square$ $3 + 0 = \square$

$4 + 0 = \square$ $1 + 0 = \square$ $0 + 3 = \square$

$0 + 5 = \square$ $0 + 2 = \square$ $0 + 4 = \square$

8 $4 + 1 = \square$ $2 + 1 = \square$ $3 + 1 = \square$

$1 + 1 = \square$ $1 + 4 = \square$ $1 + 3 = \square$

9 $2 + 2 = \square$ $3 + 2 = \square$ $1 + 2 = \square$

10 $2 - 0 = \square$ $4 - 1 = \square$ $3 - 2 = \square$

Comprobar la comprensión

Haz dibujos de círculos para todas las partes de 5.

Nombre ____________________

1 Muestra y escribe las partes de 6.

○○○○○○ ___ + ___ 6 = ____________

○○○○○○ ___ + ___ 6 = ____________

○○○○○○ ___ + ___ 6 = ____________

○○○○○○ ___ + ___ 6 = ____________

○○○○○○ ___ + ___ 6 = ____________

2 Escribe las partes de 6.

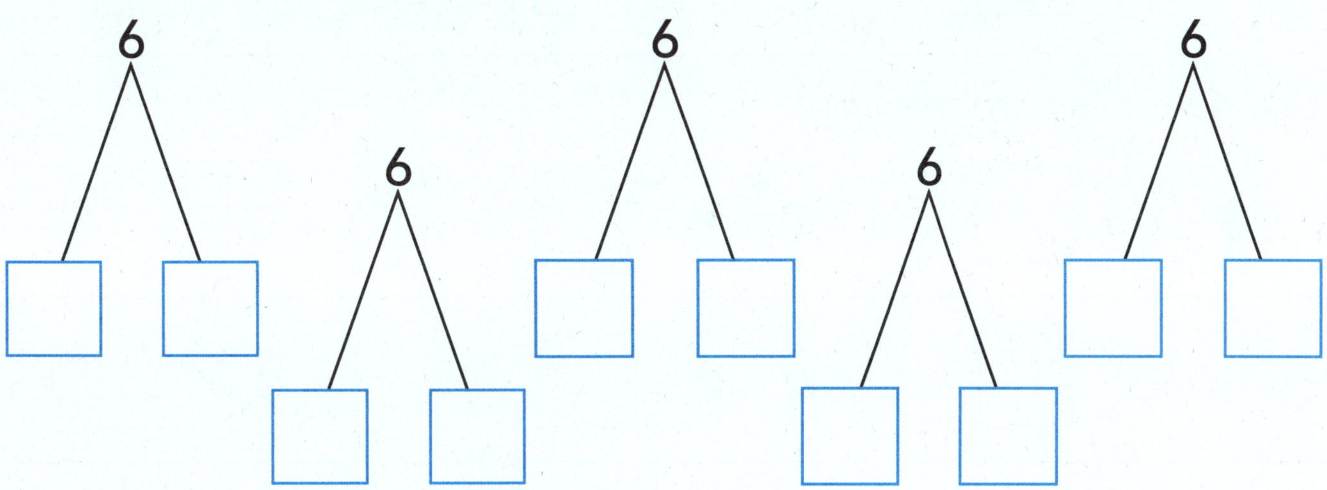

3 Escribe las partes de 6 como un tren.

Tren de 6

VOCABULARIO
dobles

4 Comenta los patrones en las partes.

2	3	4	5	6
1 + 1	2 + 1	3 + 1	4 + 1	5 + 1
		2 + 2	3 + 2	4 + 2
				3 + 3

Usa **dobles** para resolver.

5 3 + 3 = ☐ 1 + 1 = ☐ 2 + 2 = ☐

6 − 3 = ☐ 2 − 1 = ☐ 4 − 2 = ☐

Usa patrones para resolver.

6 6 + 0 = ☐ 0 + 4 = ☐ 1 + 0 = ☐

7 4 − 0 = ☐ 2 − 0 = ☐ 6 − 0 = ☐

8 3 − 3 = ☐ 5 − 5 = ☐ 1 − 1 = ☐

4 − 4 = ☐ 2 − 2 = ☐ 6 − 6 = ☐

Comprobar la comprensión

Escribe todas las partes de 6.

____ + ____, ____ + ____, ____ + ____, ____ + ____, ____ + ____

Nombre ______________________

Muestra las partes de 7 y cambia el orden de las partes.

1. ○○○○○○○ ___ + ___ y ___ + ___

2. ○○○○○○○ ___ + ___ y ___ + ___

3. ○○○○○○○ ___ + ___ y ___ + ___

Escribe las partes y las partes con el orden cambiado.

4. Tren de 7

___ + ___	___ + ___	___ + ___
___ + ___	___ + ___	___ + ___

5.

7	7	7
☐ ☐	☐ ☐	☐ ☐

7	7	7
☐ ☐	☐ ☐	☐ ☐

6 Comenta los patrones en las partes.

2	3	4	5	6	7
1 + 1	2 + 1	3 + 1	4 + 1	5 + 1	6 + 1
		2 + 2	3 + 2	4 + 2	5 + 2
				3 + 3	4 + 3

Usa patrones para resolver.

7 3 + 1 = ☐ 6 + 1 = ☐ 4 + 1 = ☐

5 + 1 = ☐ 2 + 1 = ☐ 1 + 1 = ☐

---

8 1 + 2 = ☐ 1 + 5 = ☐ 1 + 4 = ☐

1 + 3 = ☐ 1 + 6 = ☐ 1 + 1 = ☐

---

9 7 − 1 = ☐ 3 − 1 = ☐ 5 − 1 = ☐

4 − 1 = ☐ 6 − 1 = ☐ 2 − 1 = ☐

---

10 5 − 4 = ☐ 7 − 6 = ☐ 3 − 2 = ☐

Comprobar la comprensión

Explica el patrón que observas cuando cambias el orden de las partes de 7.

Nombre ______________________________

Muestra las partes de 8 y cambia el orden de las partes.

1. ○○○○○○○○ ___ + ___ y ___ + ___

2. ○○○○○○○○ ___ + ___ y ___ + ___

3. ○○○○○○○○ ___ + ___ y ___ + ___

4. ○○○○○○○○ ___ + ___ y ___ + ___

Escribe las partes y las partes con el orden cambiado.

5. Tren de 8

___ + ___	___ + ___	___ + ___	___ + ___
___ + ___	___ + ___	___ + ___	___ + ___

6.

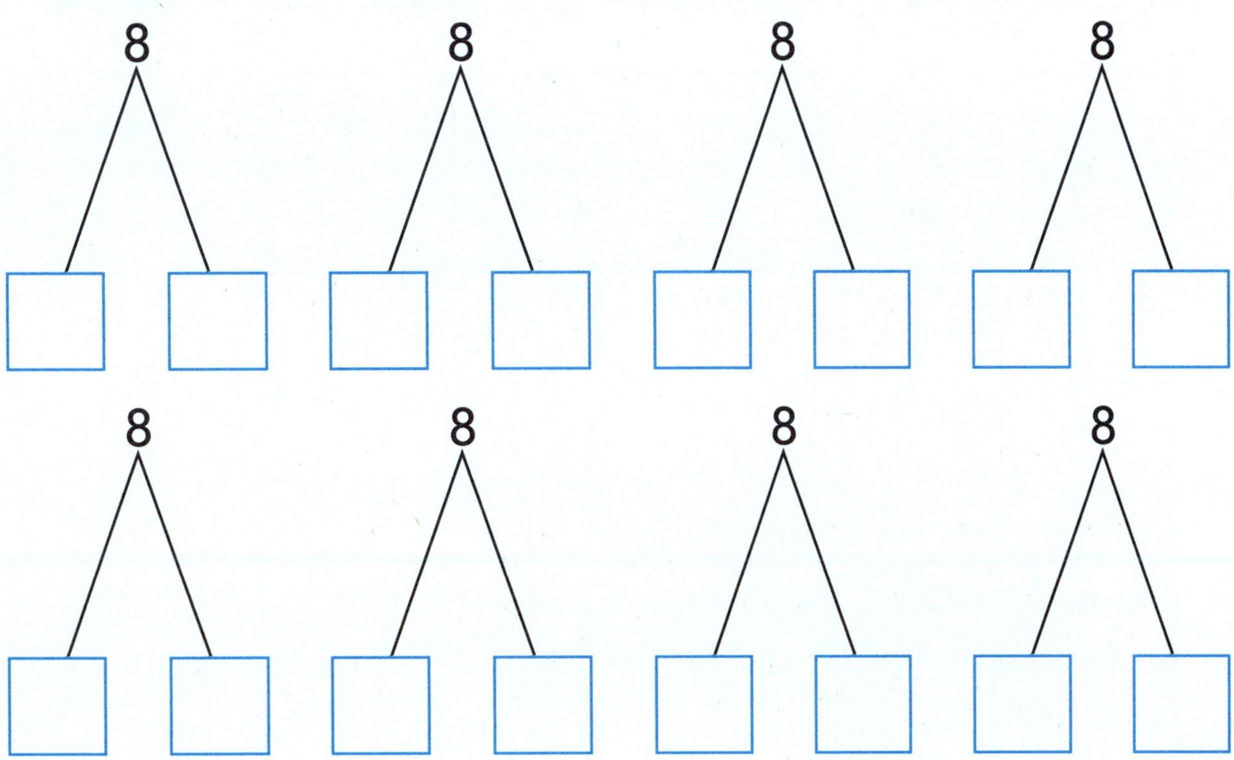

7 Comenta los patrones en las partes.

2	3	4	5	6	7	8
1 + 1	2 + 1	3 + 1	4 + 1	5 + 1	6 + 1	7 + 1
		2 + 2	3 + 2	4 + 2	5 + 2	6 + 2
				3 + 3	4 + 3	5 + 3
						4 + 4

Usa dobles para resolver.

8 4 + 4 = ☐ 3 + 3 = ☐ 2 + 2 = ☐

8 − 4 = ☐ 6 − 3 = ☐ 4 − 2 = ☐

Usa patrones para resolver.

9 8 + 0 = ☐ 6 + 0 = ☐ 7 + 0 = ☐

10 7 − 0 = ☐ 2 − 0 = ☐ 8 − 0 = ☐

11 4 − 4 = ☐ 6 − 6 = ☐ 2 − 2 = ☐

Comprobar la comprensión

Dibuja Montañas matemáticas para mostrar las partes de 8 y las partes con el orden cambiado.

Nombre ____________________________

Muestra las partes de 9 y cambia el orden de las partes.

1. ○○○○○○○○○ ___ + ___ y ___ + ___

2. ○○○○○○○○○ ___ + ___ y ___ + ___

3. ○○○○○○○○○ ___ + ___ y ___ + ___

4. ○○○○○○○○○ ___ + ___ y ___ + ___

Escribe las partes y las partes con el orden cambiado.

5. Tren de 9

6.

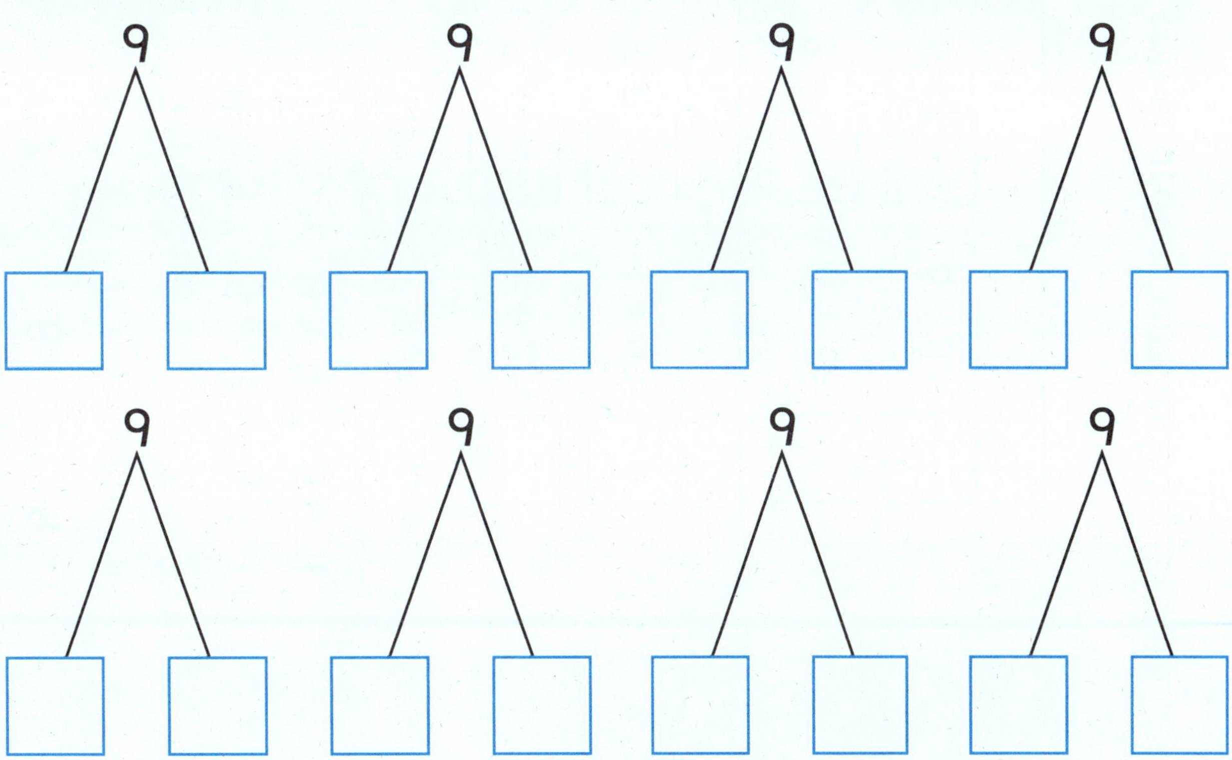

7 Comenta los patrones en las partes.

2	3	4	5	6	7	8	9
1 + 1	2 + 1	3 + 1	4 + 1	5 + 1	6 + 1	7 + 1	8 + 1
		2 + 2	3 + 2	4 + 2	5 + 2	6 + 2	7 + 2
				3 + 3	4 + 3	5 + 3	6 + 3
						4 + 4	5 + 4

Usa patrones para resolver.

8 6 + 1 = ☐ 8 + 1 = ☐

4 + 1 = ☐ 3 + 1 = ☐

9 1 + 7 = ☐ 1 + 2 = ☐

1 + 8 = ☐ 1 + 4 = ☐

10 9 − 1 = ☐ 3 − 1 = ☐

7 − 1 = ☐ 6 − 1 = ☐

11 9 − 8 = ☐ 3 − 2 = ☐

7 − 6 = ☐ 6 − 5 = ☐

Comprobar la comprensión

Escribe todas las partes de 9 y las partes con el orden cambiado. ___ + ___,

___ + ___, ___ + ___, ___ + ___, ___ + ___, ___ + ___, ___ + ___, ___ + ___

Nombre ____________________

1 Comenta los patrones.

Partes de 10

●●●●● ●●●●○	●●●●● ●●●○○	●●●●● ●●○○○	●●●●● ●○○○○	●●●●● ○○○○○
9 + 1	8 + 2	7 + 3	6 + 4	5 + 5
1 + 9	2 + 8	3 + 7	4 + 6	

Escribe las partes de 10.

2

10 = 9 + 1

10 = 8 + 2

10 = ______

10 = ______

10 = ______

10 = ______

10 = ______

10 = ______

10 = ______

3

10

9 + 1

______

______

______

______

4 Comenta los patrones.

Patrones con partes

2	3	4	5	6	7	8	9	10
1 + 1	2 + 1	3 + 1	4 + 1	5 + 1	6 + 1	7 + 1	8 + 1	9 + 1
		2 + 2	3 + 2	4 + 2	5 + 2	6 + 2	7 + 2	8 + 2
				3 + 3	4 + 3	5 + 3	6 + 3	7 + 3
						4 + 4	5 + 4	6 + 4
								5 + 5

Patrones con ceros

1 + 0 = 1	1 − 0 = 1	1 − 1 = 0
2 + 0 = 2	2 − 0 = 2	2 − 2 = 0
3 + 0 = 3	3 − 0 = 3	3 − 3 = 0
4 + 0 = 4	4 − 0 = 4	4 − 4 = 0
5 + 0 = 5	5 − 0 = 5	5 − 5 = 0
6 + 0 = 6	6 − 0 = 6	6 − 6 = 0
7 + 0 = 7	7 − 0 = 7	7 − 7 = 0
8 + 0 = 8	8 − 0 = 8	8 − 8 = 0
9 + 0 = 9	9 − 0 = 9	9 − 9 = 0
10 + 0 = 10	10 − 0 = 10	10 − 10 = 0

Patrones con dobles

1 + 1 = 2
2 + 2 = 4
3 + 3 = 6
4 + 4 = 8
5 + 5 = 10

Comprobar la comprensión
Escribe las partes de 10 y las partes de 10 con el orden cambiado.

Nombre ____________________

Escribe el número de miembros de la banda en cada columna o fila.

1

____ ____ ____ ____ ____ ____ ____ ____ ____ ____

2

____
____
____
____
____
____
____
____
____
____

3 Muestra y escribe las partes de 10.

10 = ____ + ____

10 = ____ + ____

10 = ____ + ____

10 = ____ + ____

10 = ____ + ____

10 = ____ + ____

10 = ____ + ____

10 = ____ + ____

10 = ____ + ____

Nombre ____________________ Fecha ____________

Escribe dos partes más para el número.

1 6 ○○○○○○

$6 = 5 + 1$

$6 =$ ____________

$6 =$ ____________

---

2 8 ○○○○○○○○

$8 = 7 + 1$

$8 =$ ____________

$8 =$ ____________

Usa dobles o patrones para resolver.

3 $0 + 4 = \square$

4 $4 + 4 = \square$

5 $7 - 0 = \square$

Comprobar la estrategia 2

Nombre ______________________ Fecha ______________

1. Escribe las partes.

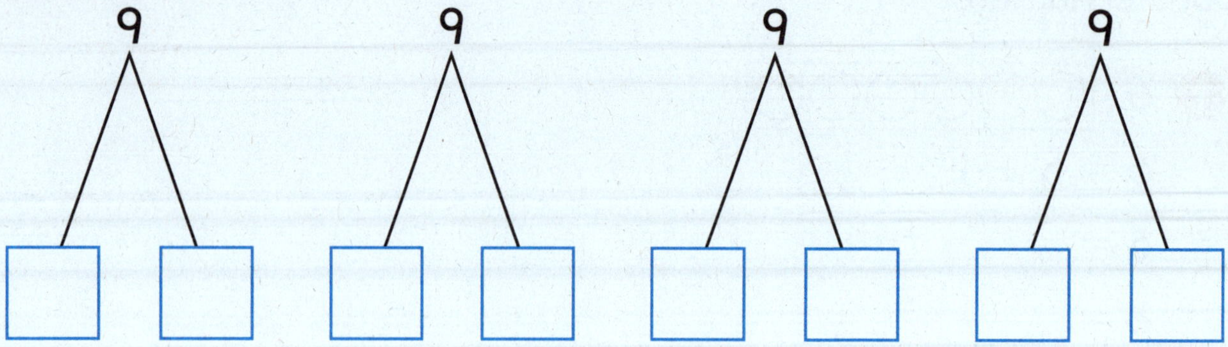

2. Elige un conjunto de 9 partes. Escribe o dibuja un problema sobre las 9 partes.

Nombre ______________________________

VOCABULARIO
patrón que se repite

Encierra en un círculo la parte del patrón que se repite.
Rotula el patrón AB, ABCD o AAB.

1 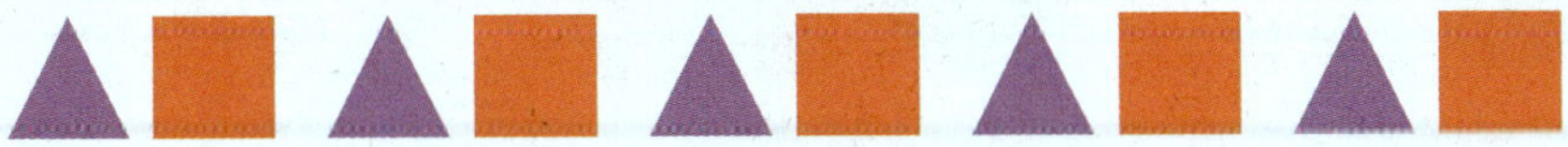 rotula: ____________

2  rotula: ____________

3 T B Y K T B Y K T B Y K rotula: ____________

4  rotula: ____________

Extiende el **patrón que se repite**.
Dibuja las frutas.

5  ______ ______

6  ______ ______

7  ______ ______

8  ______ ______

Completa el patrón.

9

10

11

12

13 Usa números para crear el mismo tipo de patrones que se repiten en el problema 9.

14 Dibuja figuras para crear un patrón AB que se repita.

Comprobar la comprensión

Dibuja un patrón que se repite usando este grupo de figuras.

Nombre ______________________

VOCABULARIO
patrón de aumento

Continúa cada **patrón de aumento** dos veces más.

1

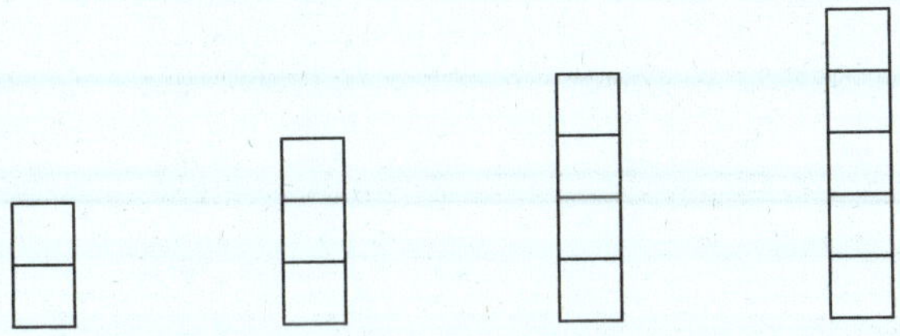

_____ _____

2

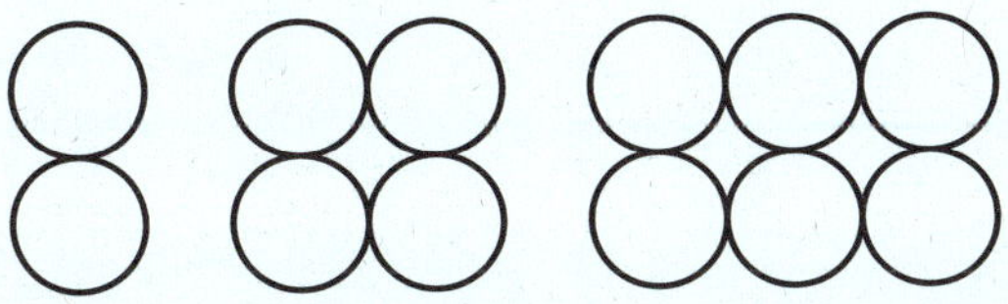

__________ __________

3 AB ABB ABBB __________ __________

Completa el patrón. Escribe la regla del patrón.

4

454
44544
4445444
444454444
____
4444445444444

regla: ______________________________

5 Crea un patrón de aumento con figuras.

Cuenta de 2 en 2 para completar el patrón.

VOCABULARIO
patrón de disminución

6 1, 3, 5, ______ , ______

7 4, 6, 8, ______

Continúa cada **patrón de disminución** dos veces más.

8 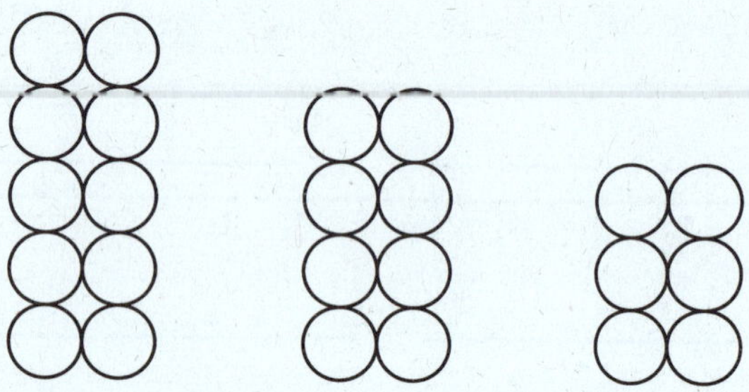 ______ ______

9 ACCCCC ACCCC ACCC ______ ______

Completa el patrón. Escribe la regla del patrón.

10 

regla: ______________________________

Comprobar la comprensión
¿Cuál es la regla del patrón en el Problema 8?

regla: ______________________________

Prueba rápida 3 de la Unidad 1

Nombre ______________________ Fecha ______________

1 Encierra en un círculo la parte del patrón que se repite.

2 Dibuja una figura para completar el patrón.

3 Cuenta de 2 en 2 para completar el patrón.

2,4,6, ______

4 Completa el patrón. Escribe la regla del patrón.

XXXXXX
XXXXX
XXXX
XXX
______

regla: ______________________

5 Continúa el patrón dos veces.

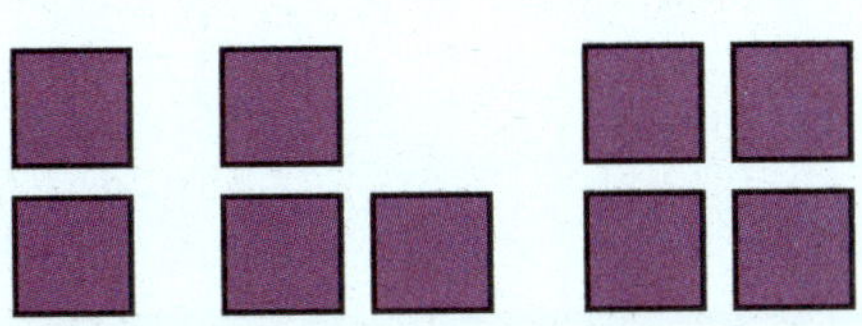

Nombre ______ Fecha ______

Camino al conocimiento

Suma.

1. $1 + 0 =$ ☐
2. $0 + 3 =$ ☐
3. $9 + 0 =$ ☐
4. $0 + 2 =$ ☐
5. $4 + 0 =$ ☐
6. $5 + 0 =$ ☐
7. $7 + 0 =$ ☐
8. $0 + 9 =$ ☐
9. $8 + 0 =$ ☐
10. $0 + 6 =$ ☐
11. $2 + 0 =$ ☐
12. $10 + 0 =$ ☐
13. $0 + 1 =$ ☐
14. $3 + 0 =$ ☐
15. $0 + 7 =$ ☐

Repaso/Prueba de la Unidad 1 Nombre ____________________ Fecha ____________

Observa el grupo de 5.
Dibuja puntos adicionales para mostrar el número.

1 7

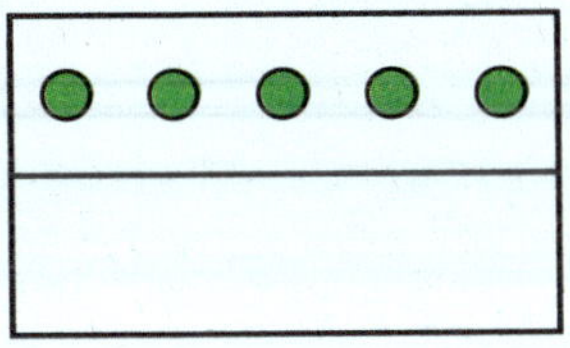

2 8

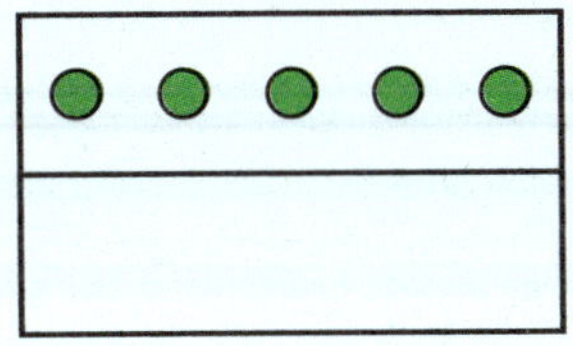

3 ¿Empareja la imagen con el número?
Elige Sí o No.

7

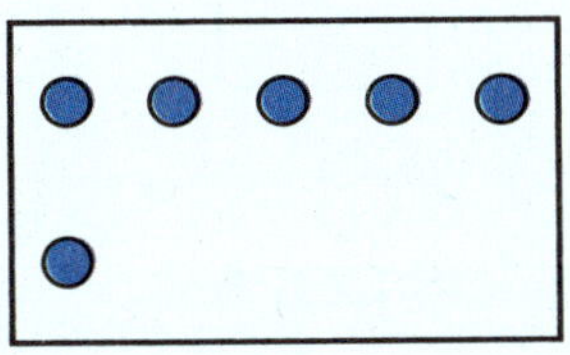

○ Sí ○ No

4 Continúa el patrón dos veces más.

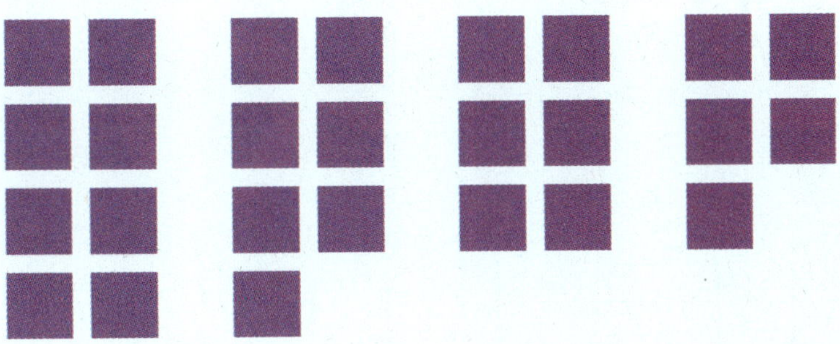

5 Extiende el patrón.

H H Y H H Y H H Y ______

Repaso/Prueba de la Unidad 1 Nombre ______ Fecha ______

6 Elige todas las opciones que sean partes de 10.

○ 2 + 8

○ 3 + 5

○ 8 + 3

○ 8 + 2

---

7 Completa las partes de 6.

6 = 5 + [1 / 2 / 3]

6 = 4 + [0 / 1 / 2]

6 = [0 / 1 / 2] + 6

---

8 Escribe los números en las casillas para mostrar las partes.

1	2	3	4	5	6	7	8

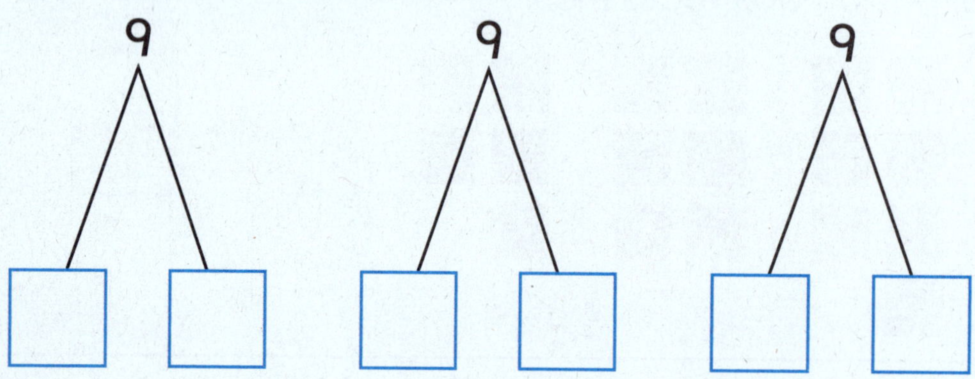

---

9 Usa patrones para resolver.

6 + 1 = ☐ 5 + 1 = ☐ 4 + 1 = ☐

Nombre ______________________ Fecha ______________

Escribe las partes.

10 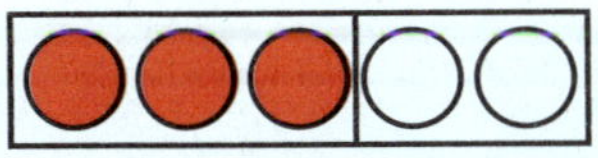

5 = ______ + ______

11 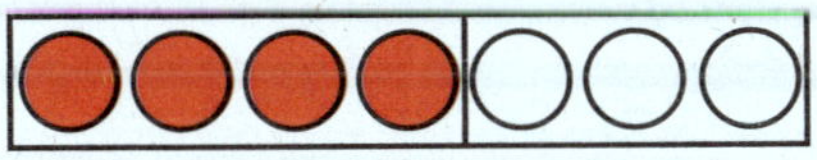

7 = ______ + ______

12 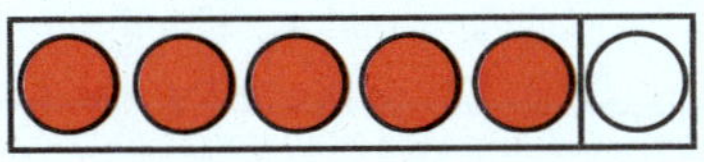

6 = ______ + ______

13 Escribe operaciones que correspondan con cada total.

8 + 1 | 9 + 0 | 6 + 1 | 4 + 4 | 7 + 0 | 1 + 7

7	8	9

Escribe las partes y las partes con el orden cambiado.

14 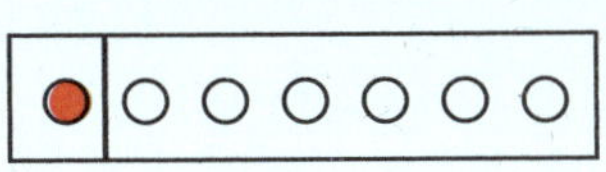

[+] y [+]

15 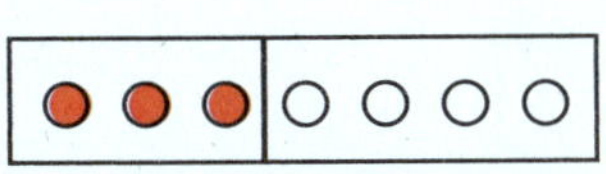

[+] y [+]

16 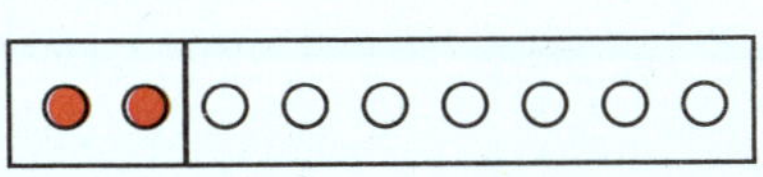

[+] y [+]

Nombre ______________________ Fecha ______________

17 Usa patrones para resolver.

3 − 1 = ☐

4 − 1 = ☐

5 − 1 = ☐

18 Dibuja un problema sobre un conjunto de partes de 8. Escribe las partes.

Tarea de rendimiento de la Unidad I

Nombre ______________________________

Plantar flores

1. Dibuja 5 flores creciendo en la maceta. Haz algunas rojas y otras amarillas.

2. Escribe las partes de 5 que muestran las flores. Luego, cambia el orden de las partes.

+	+

3. Dibuja 10 flores creciendo en la maceta. Haz algunas azules y otras amarillas.

4. Escribe las partes de 10 que muestran las flores. Luego, cambia el orden de las partes.

+	+

5. ¿Puedes mostrar 10 con flores azules y amarillas de otras maneras? Explica por qué.

____

____

Tarea de rendimiento de la Unidad 1

Nombre ____________________

Platos de colores

6 Dibuja 9 platos. Haz algunos rojos y otros azules.

7 Escribe las partes de 9 que muestran los platos. Luego, cambia el orden de las partes.

+	+

8 Colorea de amarillo los siguientes platos. Luego, dibuja platos azules para formar 10 platos en total.

○ ○ ○ ○

9 Escribe las partes de 10 que muestran los platos. Luego, cambia el orden de las partes.

+	+

10 ¿Puedes mostrar otro número de platos azules para agregarle a los platos amarillos y formar 10 en total? Explica por qué.

Dear Family:

Your child has started a new Unit on addition, subtraction, and equations. These concepts are introduced with stories that capture children's interest and help them to see adding and subtracting as real-life processes.

At the beginning of the unit, children show a story problem by drawing a picture of the objects. If they are adding 4 balloons and 2 balloons, for example, their pictures might look like the top one shown here. If they are subtracting, their pictures might look like the bottom one.

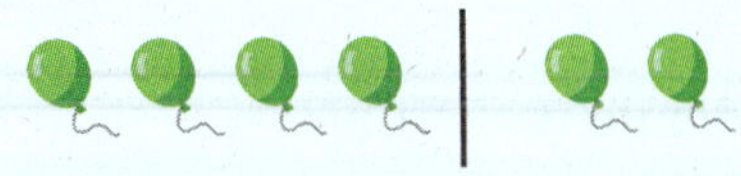

Addition

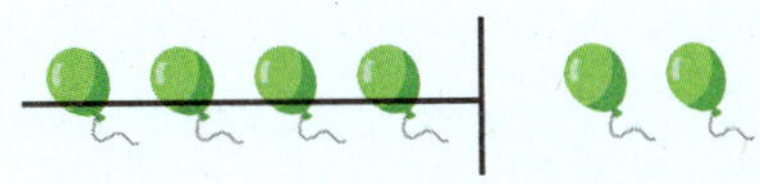

Subtraction

In a short time, children will show objects quickly with circles rather than pictures. This is a major conceptual advance because it requires the use of symbols. Children are asked to show the partners (4 + 2) as well as give the total (6). From here, children are just a small step away from writing standard equations, such as 4 + 2 = 6 and 6 − 4 = 2.

4 + 2

6

Addition Problem

6 − 4

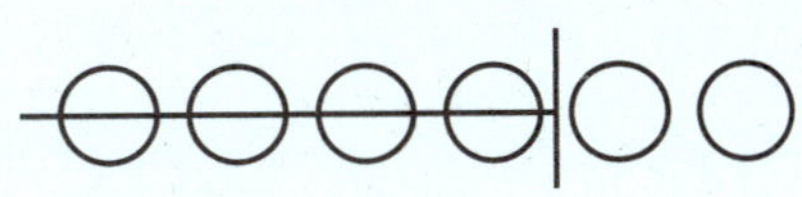

2

Subtraction Problem

To keep them focused on the actual problem, children are often asked to give a "complete answer" in class. This means that they should Name the objects as well as give the number. Right now, complete answers are not required for homework. Even so, it would be helpful for you to ask your child to say the complete answer when working with you at home. Example: "You said the answer is 6. Is it 6 dinosaurs? No? Then 6 what? . . . Oh! 6 balloons!"

Sincerely,
Your child's teacher

Estimada familia:

Su niño ha empezado una nueva unidad sobre la suma, la resta y las ecuaciones. Estos conceptos se presentan con cuentos que captan el interés de los niños y les ayudan a ver la suma y la resta como procesos de la vida diaria.

Al comienzo de la unidad, los niños muestran un problema en forma de cuento haciendo un dibujo de los objetos. Por ejemplo, si están sumando 4 globos y 2 globos, sus dibujos pueden parecerse al dibujo de arriba. Si están restando, es posible que sus dibujos se parezcan al dibujo de abajo.

Suma

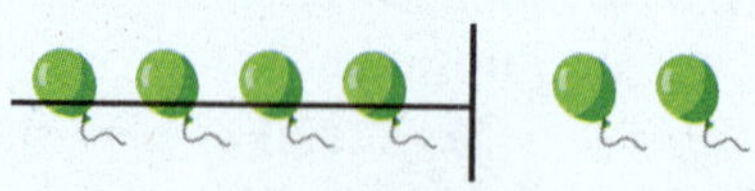

Resta

Al poco tiempo, los niños mostrarán objetos rápidamente con círculos en vez de dibujos. Esto es un gran paso conceptual, ya que requiere el uso de signos. A los niños se les pide que muestren las partes (4 + 2) y la respuesta (6). Una vez que hacen esto, están casi listos para escribir ecuaciones normales, tales como 4 + 2 = 6 y 6 – 4 = 2.

4 + 2

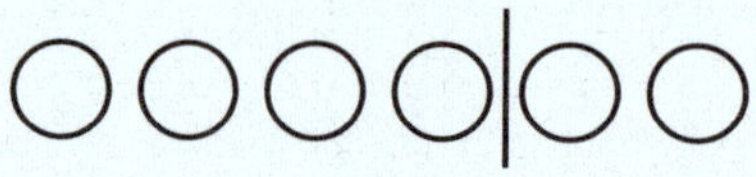

6

Problema de suma

6 – 4

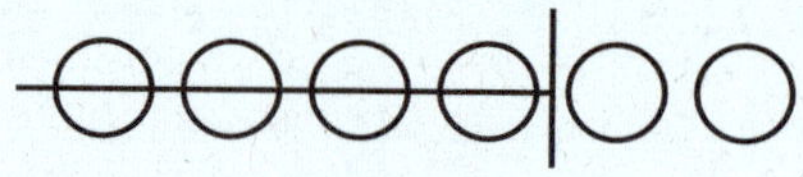

2

Problema de resta

Para que sigan concentrándose en el problema mismo, a los niños se les pide una "respuesta completa" en la clase. Esto significa que deben nombrar los objetos y dar el número. Actualmente, no se requieren respuestas completas en la tarea. Sin embargo, sería de ayuda si le pidiera a su niño que le dé la respuesta completa cuando trabaja con Ud. en casa. Por ejemplo: "Dijiste que la respuesta es 6. ¿Son 6 dinosaurios? ¿No? Entonces, ¿6 de qué?. . . ¡Ajá! ¡6 globos!"

Atentamente,
El maestro de su niño

centavos	moneda de 5¢
contar hacia adelante	moneda de 1¢
ecuación	restar

frente

reverso

5 centavos o 5¢

El número de **centavos** es el valor de una moneda o un conjunto de monedas.

7 centavos

frente

reverso

1 centavo o 1¢

5 + 4 = [9]

5 + [4] = 9

9 – 5 = [4]

5 6 7 8 9

Contar hacia adelante a partir del 5 para obtener la respuesta.

8 – 3 = 5

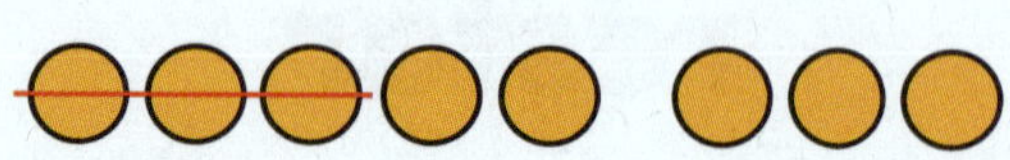

4 + 3 = 7   7 = 4 + 3

9 – 5 = 4   4 = 9 – 5

total

forma vertical

$4 + 3 = 7$

$$\begin{array}{r} 4 \\ +\,3 \\ \hline 7 \end{array}$$

total → 7

$$\begin{array}{r} 6 \\ +\,3 \\ \hline 9 \end{array} \qquad \begin{array}{r} 9 \\ -\,3 \\ \hline 6 \end{array}$$

Nombre ______________________

VOCABULARIO
total

Escribe las partes y el **total**.

1 ☐ + ☐

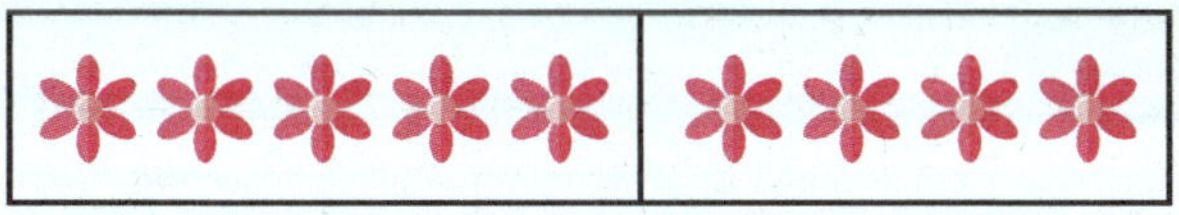

Total ☐

2 ☐ + ☐

Total ☐

3 ☐ + ☐

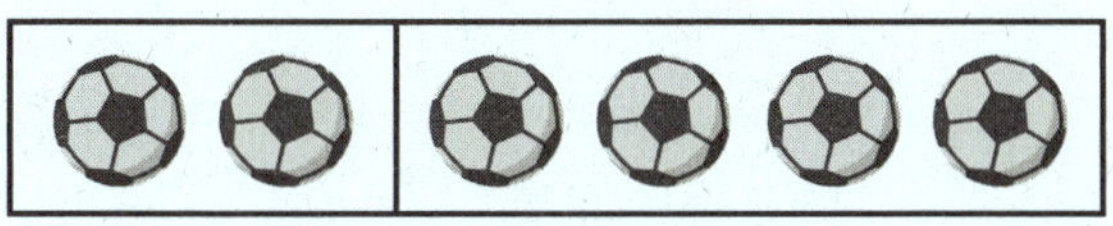

Total ☐

4 ☐ + ☐

Total ☐

5 ☐ + ☐

Total ☐

6 ☐ + ☐

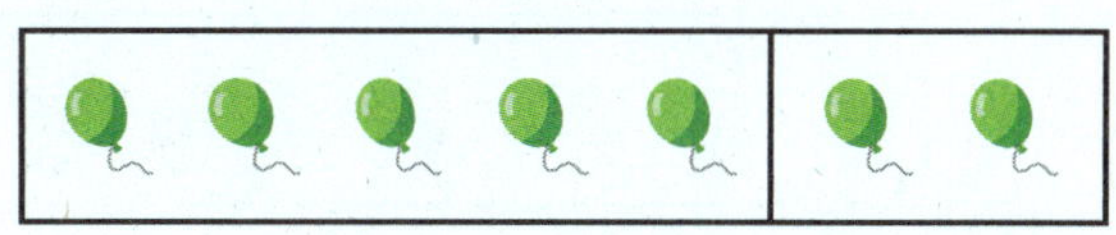

Total ☐

7 Dibuja flores para representar
4 + 2. Escribe el total.

Escribe las partes y el total.

8 ☐ + ☐

Total ☐

☐
☐ + ☐

---

9 ☐ + ☐

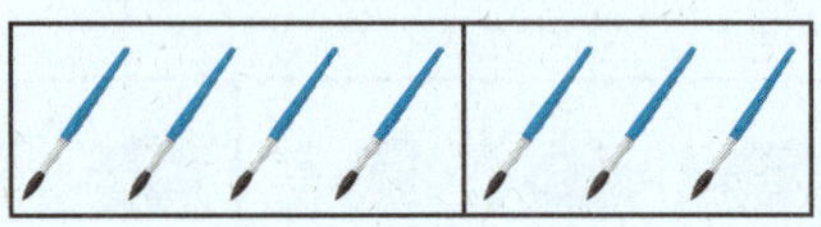

Total ☐

☐
☐ + ☐

---

10 ☐ + ☐

Total ☐

☐
☐ + ☐

Comprobar la comprensión

Escucha el problema. Luego, dibújalo y escribe las partes y el total.

Nombre ______________________________

Escribe las partes y el total para cada dibujo de círculos.

1 ☐ + ☐

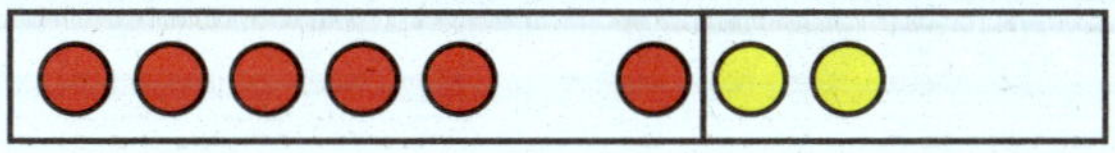

Total ☐

2 ☐ + ☐

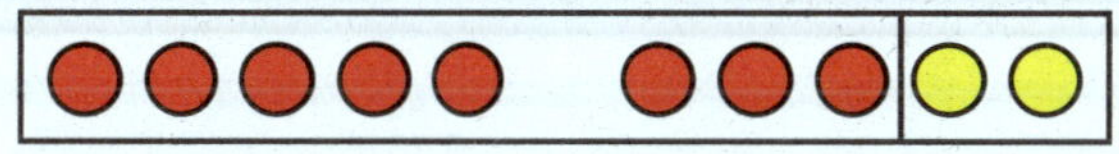

Total ☐

3 ☐ + ☐

Total ☐

4 ☐ + ☐

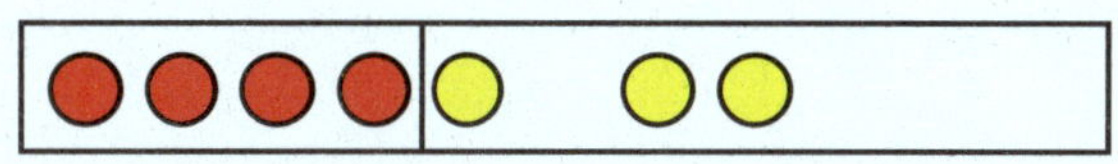

Total ☐

5 ☐ + ☐

Total ☐

6 ☐ + ☐

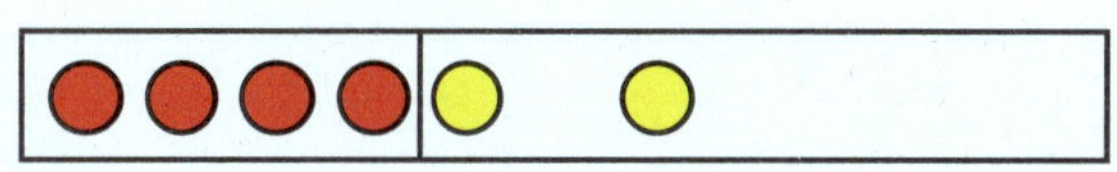

Total ☐

7 Haz un dibujo de círculos para representar 5 + 5.

Empareja las imágenes con los dibujos de círculos.

8 

□ + □

●●●●● | ○○

Total □

9 

□ + □

●● | ○○○ ○○○

Total □

10 

□ + □

●●● | ○○ ○○

Total □

✓ Comprobar la comprensión

Usa el dibujo de círculos para crear un problema. Explica cómo usas los círculos para representar el problema.

●●●●● ● | ○○○○

Nombre ______________________

VOCABULARIO
ecuación

Escribe las partes y el total. Luego, escribe la **ecuación**.

1

☐ + ☐

Total ☐

____
Ecuación

2

☐ + ☐

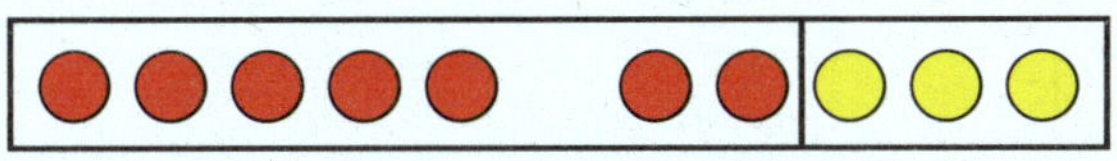

Total ☐

____
Ecuación

3

☐ + ☐

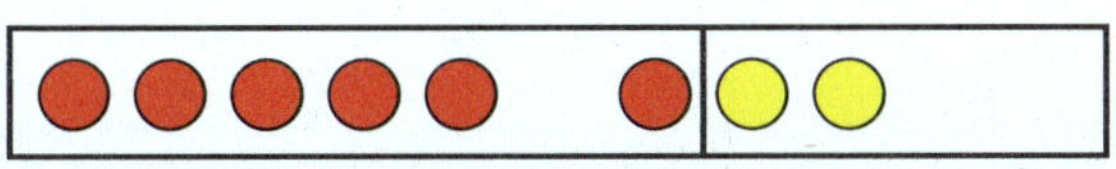

Total ☐

____
Ecuación

4

☐ + ☐

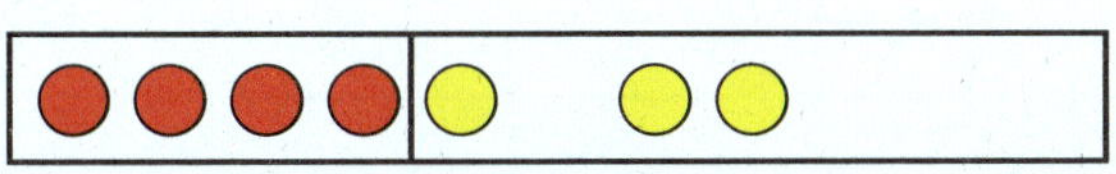

Total ☐

____
Ecuación

5 Escribe una ecuación por tu cuenta. ______________________

Escribe las partes y el total. Luego, escribe la ecuación.

6 ☐ + ☐

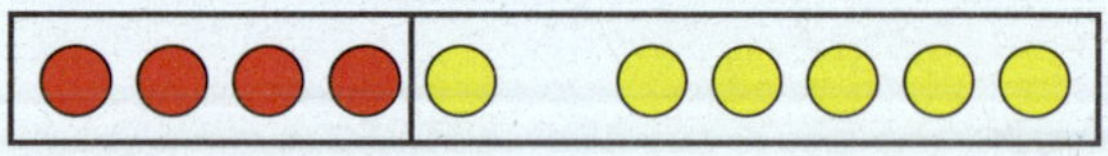

Total ☐

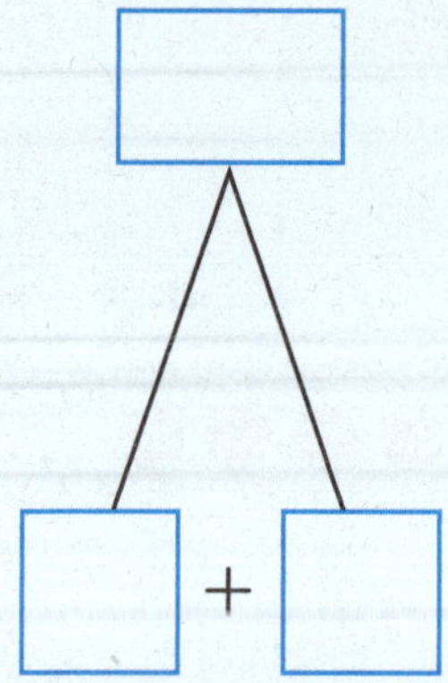

____

Ecuación

7 ☐ + ☐

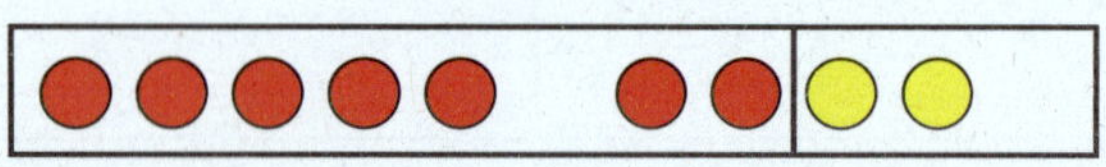

Total ☐

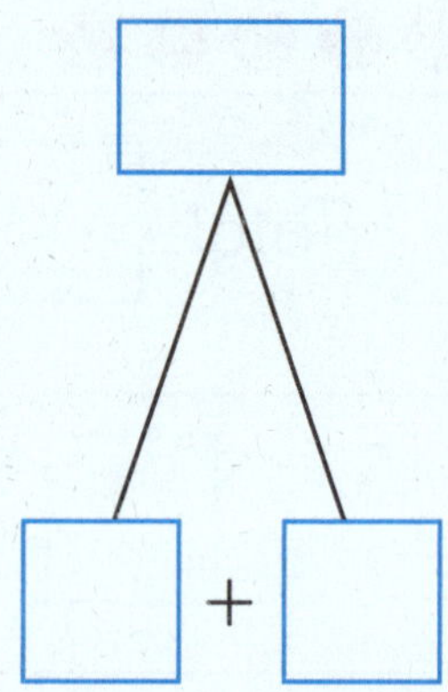

____

Ecuación

Camino al conocimiento Suma.

1 $1 + 0 =$ ☐ **2** $0 + 8 =$ ☐ **3** $6 + 0 =$ ☐

Comprobar la comprensión

Escribe una ecuación con números a cada lado del signo de igual. ____ + ____ = ____

Nombre ______________________________

Dibuja círculos para resolver el problema.
Escribe la ecuación.

1. Hay 4 elefantes tomando agua del río. Luego, se unen a ellos 2 elefantes más. ¿Cuántos elefantes hay en total?

   ____
   Ecuación

2. Teresa planta 5 rosas en el jardín y Hugo planta 4 rosas. ¿Cuántas rosas plantaron en total?

   ____
   Ecuación

3. Henry jugó 6 juegos al aire libre la semana pasada. Luego, jugó 3 juegos de computadora. ¿Cuántos juegos jugó en total?

   ____
   Ecuación

Encierra en un círculo si la ecuación es verdadera o falsa.
Traza una línea para cambiar $=$ por $\neq$ si la ecuación es falsa.
Dibuja para explicar.

4. $2 + 3 = 3 + 2$

verdadera falsa

5. $6 + 1 = 5 + 1$

verdadera falsa

6. $4 + 4 = 7 + 2$

verdadera falsa

7. $3 + 2 = 1 + 4$

verdadera falsa

Comprobar la comprensión

Completa la ecuación para hacerla verdadera.

$3 + 4 = 5 + \square$

Prueba rápida 1 de la Unidad 2

Nombre ____________________ Fecha ____________

Escribe las partes y el total.

1 ☐ + ☐

Total ☐

2 ☐ + ☐

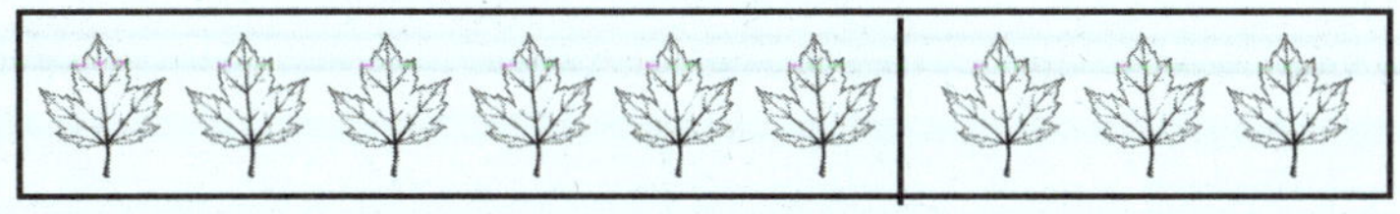

Total ☐

Escribe las partes y el total.

3 ☐ + ☐

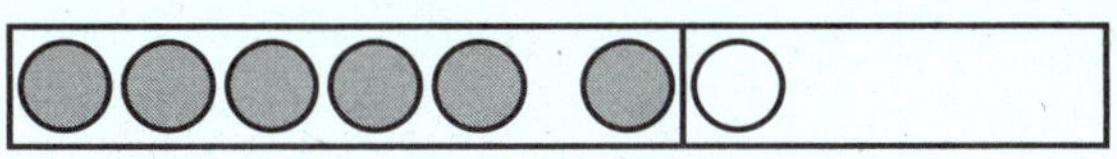

Total ☐

4 ☐ + ☐

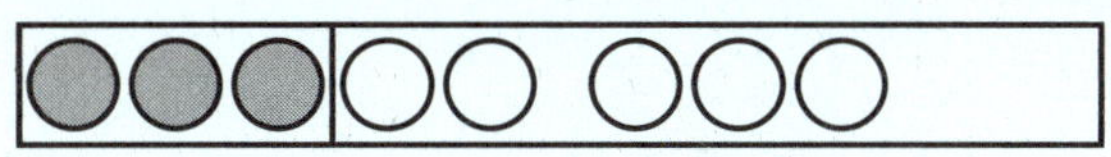

Total ☐

Escribe una ecuación verdadera para resolver el problema.

5 Hay 7 platos en la mesa. Anna coloca 3 platos más. ¿Cuántos platos hay en la mesa ahora?

____

Nombre _______________ Fecha _______________

Camino al conocimiento

Suma.

1 $2 + 0 =$ ☐ 2 $0 + 4 =$ ☐ 3 $7 + 0 =$ ☐

4 $0 + 1 =$ ☐ 5 $3 + 0 =$ ☐ 6 $0 + 5 =$ ☐

7 $9 + 0 =$ ☐ 8 $0 + 8 =$ ☐ 9 $6 + 0 =$ ☐

10 $0 + 10 =$ ☐ 11 $5 + 0 =$ ☐ 12 $0 + 7 =$ ☐

13 $8 + 0 =$ ☐ 14 $0 + 9 =$ ☐ 15 $10 + 0 =$ ☐

Dear Family:

Earlier in the unit, your child solved addition problems by making math drawings and counting every object. This is called *counting all*. Now your child is learning a faster strategy that allows them to work directly with numbers. The method they are learning is called *counting on*. It is explained below.

In an addition problem such as 5 + 4, children say (or "think") the first number as if they had already counted it. Then they count on from there. The last number they say is the total. Children can keep track by raising a finger or making a dot for each number as they count on. The diagram below shows both the finger method and the dot method.

Finding the Total $5 + 4 = \square$

5 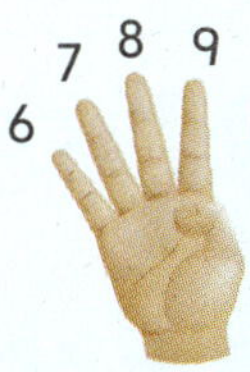

9

Finger Method

6 7 8 9

● ● ● ●

5 + 4 = 9

Dot Method

In this unit children are introduced to pennies and nickels. They apply the Counting On strategy as they count coins to find the total amount of cents.

Counting on requires repeated practice. This is provided in class activities and homework assignments. Right now, your child is learning how to find unknown totals. In the next Unidad, he or she will learn to use the Counting On strategy to subtract.

Counting on is a temporary method to help children build fluency with addition and subtraction within 10. The goal by the end of the grade is for children to automatically know the answer when the total is 10 or less.

Sincerely,
Your child's teacher

Estimada familia:

Un poco antes en la unidad su niño resolvió problemas de suma haciendo dibujos matemáticos y contando todos los objetos. A esto se le llama *contar todo*. Ahora su niño está aprendiendo una estrategia más rápida que le permite trabajar directamente con los números. El método que está aprendiendo se llama *contar hacia adelante*. Se explica a continuación.

En un problema de suma, como 5 + 4, los niños dicen (o "piensan") el primer número como si ya lo hubieran contado. Luego cuentan hacia adelante a partir de él. El último número que dicen es el total. Los niños pueden llevar la cuenta levantando un dedo o haciendo un punto por cada número mientras cuentan hacia adelante. El diagrama a continuación muestra tanto el método de los dedos como el de los puntos.

Hallar el total $5 + 4 = \square$

5 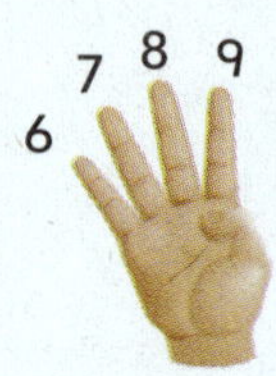

9

Método de los dedos

6 7 8 9

• • • •

5 + 4 = 9

Método de los puntos

En esta unidad se les presentarán a los niños las monedas de un centavo y de cinco centavos. Aplicarán la estrategia de contar hacia adelante mientras cuentan las monedas para hallar la cantidad total de centavos.

Contar hacia adelante requiere práctica. Esto sucede en las actividades de clase y tareas. En esta unidad, su niño está aprendiendo a hallar un total desconocido. En la próxima unidad, aprenderá a usar la estrategia de contar hacia adelante para restar.

Contar hacia adelante es un método que sirve como ayuda para que los niños dominen la suma y la resta en operaciones hasta el 10. La meta es lograr que al final del año escolar sepan automáticamente la respuesta cuando el total sea 10 ó menos.

Atentamente,
El maestro de su niño

Nombre ______________________________

Cuenta hacia adelante. Escribe el total.

1. $5 + 2 = \square$

   5

2. $6 + 4 = \square$

   6

3. $8 + 1 = \square$

   8

4. $3 + 5 = \square$

   3

5. $7 + 3 = \square$

   7

6. $2 + 2 = \square$

   2

7. $4 + 5 = \square$

   4

8. $9 + 1 = \square$

   9

9. $3 + 2 = \square$

   3

10. $5 + 1 = \square$

    5

11 Resuelve.

$7 + 2 = \square$

Dibuja o escribe para explicar cómo contar hacia adelante.

Dibuja o escribe una manera diferente de resolver.

---

12 Elige un número 1, 2, 3, 4 o 5. Cuenta hacia adelante 3 más. Completa la ecuación. Dibuja o escribe para explicar.

$\square + 3 = \square$

Comprobar la comprensión

Explica si usarías contar todo o contar hacia adelante para resolver $5 + 3 = \square$.

Nombre ____________________

VOCABULARIO
cuenta hacia adelante

Cuenta hacia adelante para calcular el total.

1. $4 + 3 = \square$
2. $6 + 4 = \square$
3. $6 + 2 = \square$
4. $4 + 5 = \square$
5. $5 + 3 = \square$
6. $8 + 2 = \square$
7. $2 + 3 = \square$
8. $7 + 3 = \square$
9. $4 + 2 = \square$

Calcula el número total de juguetes.

10. 3 carros en la caja

$\square$ Total

11. 7 botes en la caja

$\square$ Total

12. 6 muñecas en la caja

$\square$ Total

13. 5 pelotas en la caja

$\square$ Total

14. Escribe una ecuación que represente un total de 10. ____________

Cuenta hacia adelante para calcular el total.

15 $6 + 3 = \square$ 16 $5 + 2 = \square$ 17 $7 + 2 = \square$

18 $7 + 3 = \square$ 19 $4 + 3 = \square$ 20 $4 + 5 = \square$

21 $8 + 2 = \square$ 22 $5 + 2 = \square$ 23 $4 + 2 = \square$

24 $5 + 3 = \square$ 25 $7 + 2 = \square$ 26 $7 + 3 = \square$

27 $6 + 2 = \square$ 28 $6 + 4 = \square$ 29 $3 + 4 = \square$

Camino al conocimiento Suma.

1 $7 + 0 = \square$ 2 $1 + 8 = \square$ 3 $0 + 8 = \square$

4 $9 + 0 = \square$ 5 $7 + 1 = \square$ 6 $10 + 0 = \square$

7 $6 + 1 = \square$ 8 $8 + 0 = \square$ 9 $8 + 1 = \square$

Comprobar la comprensión

Dibuja puntos para mostrar cómo contar hacia adelante para resolver $6 + 4 = \square$.

Nombre ________________________________

Subraya el número mayor.
Cuenta hacia adelante desde ese número.

1 $3 + \underline{7} = \square$	2 $4 + 5 = \square$
3 $2 + 6 = \square$	4 $5 + 3 = \square$
5 $7 + 2 = \square$	6 $3 + 6 = \square$
7 $5 + 2 = \square$	8 $2 + 8 = \square$
9 $7 + 3 = \square$	10 $6 + 3 = \square$

11 Muestra dos maneras de contar hacia adelante para calcular el total de 6 + 3. ¿Cuál es más rápido?

Subraya el número mayor.
Cuenta hacia adelante desde ese número.

12 $\underline{5} + 2 =$ ☐	13 $7 + 3 =$ ☐
14 $6 + 2 =$ ☐	15 $5 + 3 =$ ☐
16 $3 + 4 =$ ☐	17 $2 + 7 =$ ☐
18 $6 + 3 =$ ☐	19 $8 + 2 =$ ☐
20 $4 + 3 =$ ☐	21 $2 + 5 =$ ☐
22 $4 + 6 =$ ☐	23 $3 + 7 =$ ☐

24 ¿Cómo resolviste el Ejercicio 17?

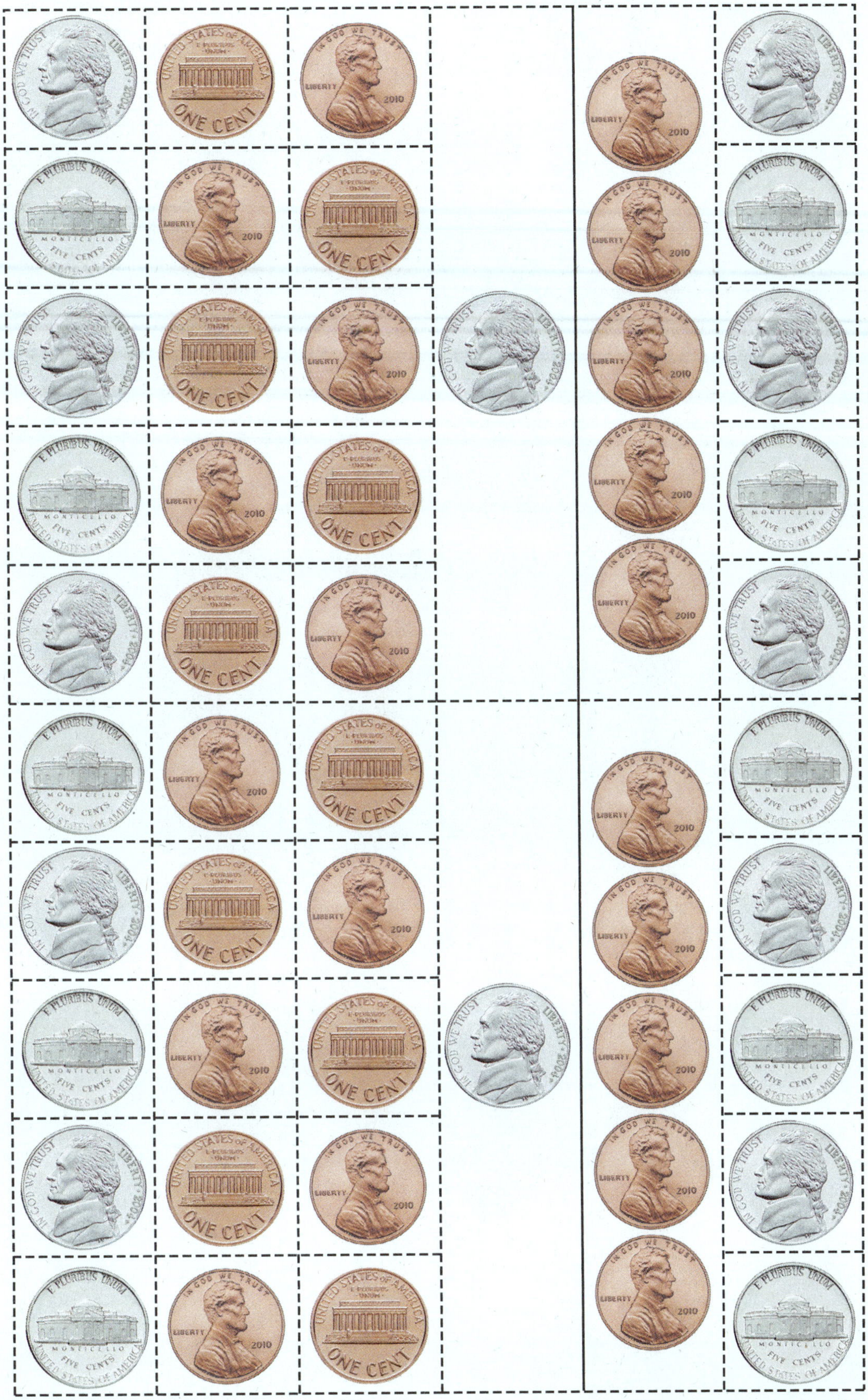

Corta por las líneas punteadas.
Dobla por las líneas sólidas

Nombre ______________________________

Observa los grupos de **monedas de 5¢** y **monedas de 1¢**. Escribe cuántos **centavos** hay en cada grupo.

VOCABULARIO
moneda de 5¢
moneda de 1¢
centavo

25 

☐ ¢

26 

☐ ¢

27 

☐ ¢

28 

☐ ¢

29 

☐ ¢

30 

☐ ¢

Cuenta las monedas y emparéjalas.

31  • • 4¢

32  • • 6¢

33  • • 7¢

34  • • 9¢

35  • • 8¢

Comprobar la comprensión

¿Con qué número comenzarías para usar el conteo hacia adelante para resolver 4 + 5 = ☐? Explica por qué.

$3+3=\square$	$3+4=\square$	$3+5=\square$
$3+6=\square$	$3+7=\square$	$4+3=\square$
$4+4=\square$	$4+5=\square$	$4+6=\square$
$5+3=\square$	$5+4=\square$	$5+5=\square$
$6+3=\square$	$6+4=\square$	$7+3=\square$

$3+5=\boxed{8}$
••• 5

$3+4=\boxed{7}$
••• 4

$3+3=\boxed{6}$
3 •••

$4+3=\boxed{7}$
4 •••

$3+7=\boxed{10}$
••• 7

$3+6=\boxed{9}$
••• 6

$4+6=\boxed{10}$
•••• 6

$4+5=\boxed{9}$
•••• 5

$4+4=\boxed{8}$
4 ••••

$5+5=\boxed{10}$
5 •••••

$5+4=\boxed{9}$
5 ••••

$5+3=\boxed{8}$
5 •••

$7+3=\boxed{10}$
7 •••

$6+4=\boxed{10}$
6 ••••

$6+3=\boxed{9}$
6 •••

Colcha de números 1: Totales desconocidos

6

6

7

7

8

8

9

9

10

10

Usar con las tarjetas rojas de contar hacia adelante.

Nombre ____________________

Dibuja más para contar hacia adelante.
Escribe cuántos hay en total.

1 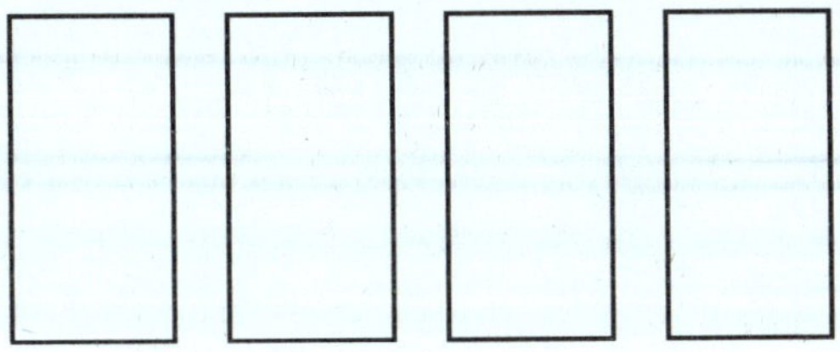

4 + 1 = ☐

2 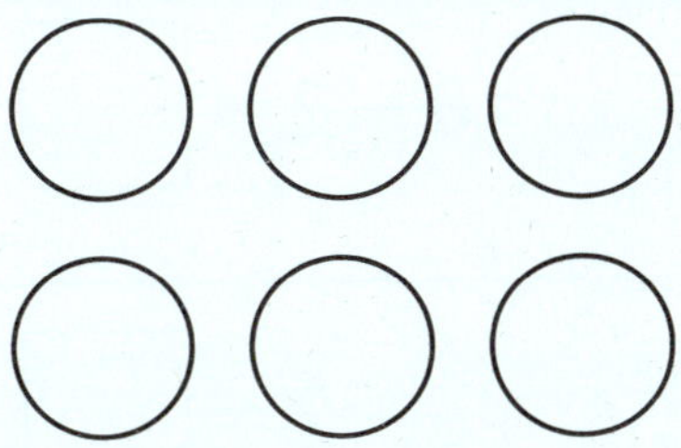

6 + 2 = ☐

3 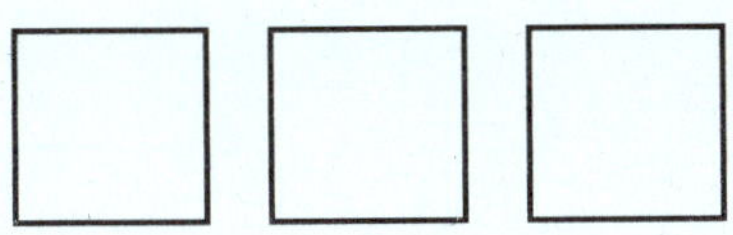

3 + 3 = ☐

4 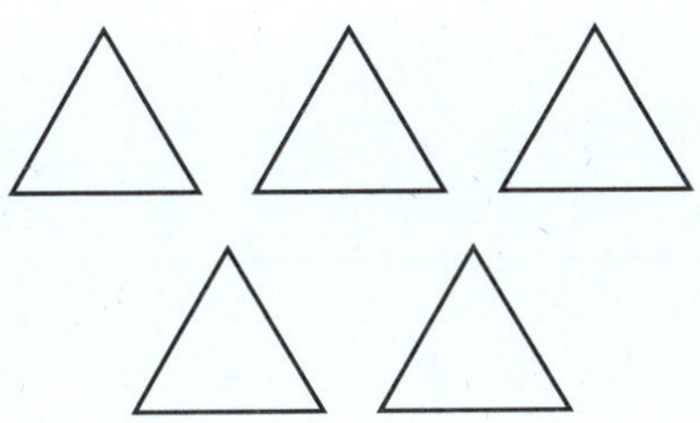

5 + 4 = ☐

5 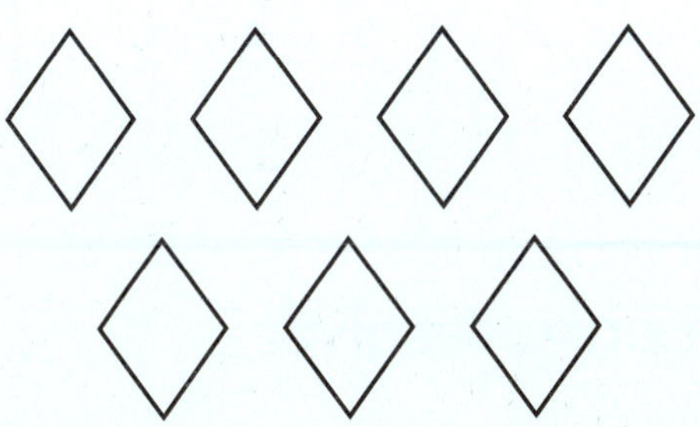

7 + 3 = ☐

Subraya el número mayor.
Cuenta hacia adelante desde ese número.

6. $2 + \underline{8} = \square$
7. $5 + 4 = \square$
8. $6 + 3 = \square$
9. $7 + 3 = \square$
10. $2 + 5 = \square$
11. $3 + 4 = \square$
12. $4 + 3 = \square$
13. $2 + 7 = \square$
14. $8 + 2 = \square$
15. $3 + 6 = \square$
16. $5 + 2 = \square$
17. $6 + 2 = \square$
18. $5 + 3 = \square$
19. $4 + 5 = \square$
20. $2 + 6 = \square$

Camino al conocimiento Suma.

1. $3 + 2 = \square$
2. $1 + 9 = \square$
3. $7 + 0 = \square$
4. $8 + 1 = \square$
5. $0 + 9 = \square$
6. $1 + 6 = \square$
7. $8 + 0 = \square$
8. $7 + 1 = \square$
9. $2 + 3 = \square$

Comprobar la comprensión

Explica cómo contar hacia adelante para resolver $6 + 3 = \square$ y $2 + 8 = \square$.

Nombre ______________________

Escribe la ecuación de suma que muestra el modelo.

1

____

Ecuación

2

____

Ecuación

3

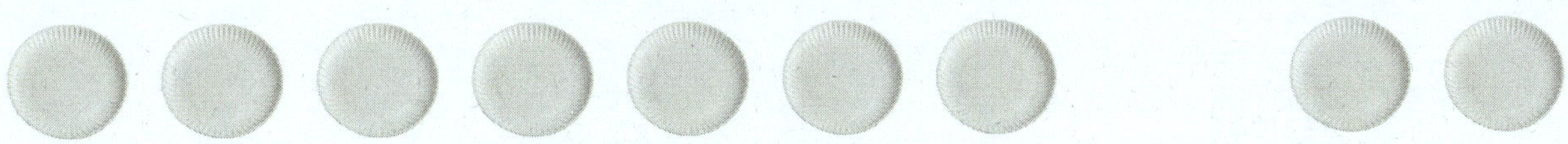

____

Ecuación

4

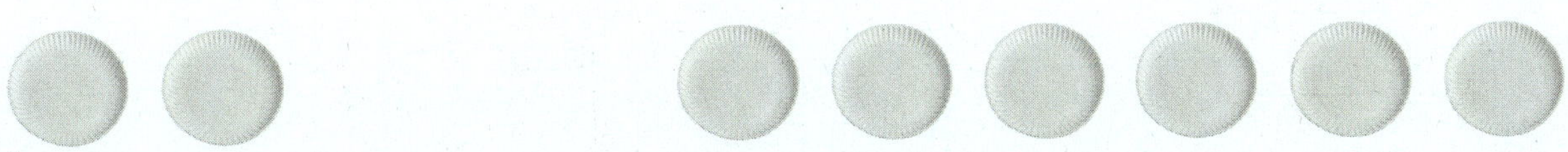

____

Ecuación

5

____

Ecuación

Subraya el sumando mayor en la ecuación.
Cuenta hacia adelante desde ese número y escribe el total.

6 $6 + 3 = \square$

6	● ● ●

7 $2 + 5 = \square$

● ●	5

8 $7 + 3 = \square$

7	● ● ●

9 $5 + 3 = \square$

5	● ● ●

10 $2 + 4 = \square$

● ●	4

11 $4 + 5 = \square$

● ● ● ●	5

12 $3 + 7 = \square$

● ● ●	7

13 $6 + 2 = \square$

6	● ●

14 $4 + 6 = \square$

● ● ● ●	6

15 $7 + 2 = \square$

7	● ●

✓ Comprobar la comprensión

Dibuja círculos para representar el conteo hacia adelante para resolver $4 + 3 = \square$ y $2 + 7 = \square$.

Prueba rápida 2 de la Unidad 2

Nombre ______________________ Fecha ____________

Cuenta hacia adelante para calcular el total.

1 $3 + 2 = \square$

2 Escribe cuántos centavos hay.

$\square$ ¢

Subraya el número mayor.
Cuenta hacia adelante desde ese número.

3 $4 + 5 = \square$

4 $6 + 3 = \square$

5 Dibuja más para contar hacia adelante.
Escribe cuántos hay en total.

$5 + 2 = \square$

Nombre ______________________ Fecha ______________

Camino al conocimiento

Suma.

1. $5 + 0 = \square$
2. $0 + 6 = \square$
3. $0 + 8 = \square$
4. $9 + 0 = \square$
5. $0 + 10 = \square$
6. $9 + 1 = \square$
7. $1 + 3 = \square$
8. $2 + 1 = \square$
9. $2 + 3 = \square$
10. $1 + 5 = \square$
11. $4 + 0 = \square$
12. $7 + 1 = \square$
13. $3 + 2 = \square$
14. $1 + 9 = \square$
15. $8 + 1 = \square$

Nombre ______________________________

Resuelve. Escribe cuántos quedan.

1 Hay 8 manzanas.

Se comieron 5.

8 – 5 = ☐

---

2 Hay 9 flores.

Recogieron 4.

9 – 4 = ☐

---

3 Hay 6 delfines.

3 se fueron nadando.

6 – 3 = ☐

---

4 Hay 10 globos.

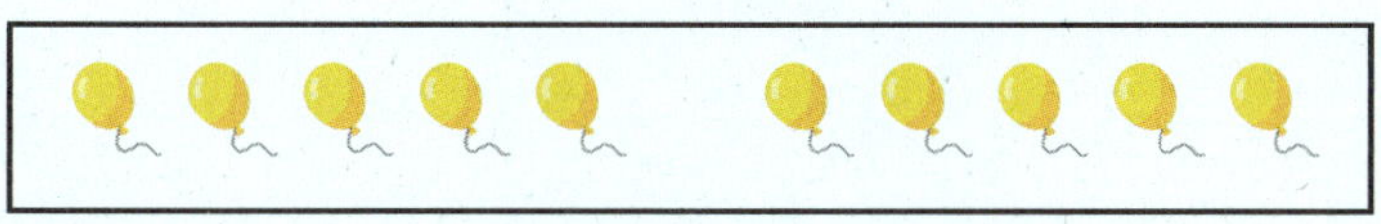

Explotaron 6.

10 – 6 = ☐

---

5 Tienes 7 pelotas y pierdes 2.
¿Cuántas pelotas quedan?
Resuelve. Muestra tu trabajo.

Resuelve. Escribe cuántos quedan.

6 Hay 10 globos.

$10 - 4 = \square$

Explotaron 4.

---

7 Hay 8 manzanas.

$8 - 6 = \square$

Se comieron 6.

---

8 Observa el trabajo del Pingüino Confundido.

Había 7 flores.

Recogieron 3.

$7 - 3 = \boxed{3}$

Ayuda al Pingüino Confundido.

Comprobar la comprensión

Dibuja círculos para resolver $8 - 2 = \square$.

Nombre ______________________________

VOCABULARIO
restar

Resta y escribe la ecuación.

1 Resta 5

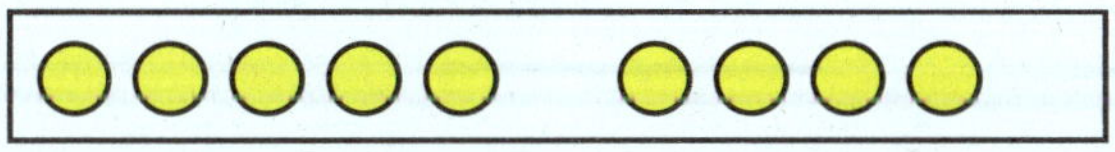

____
Ecuación

2 Resta 4

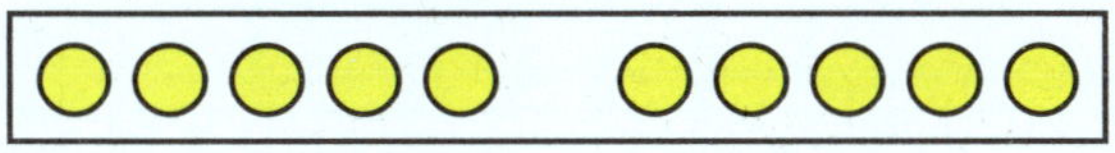

____
Ecuación

3 Resta 3

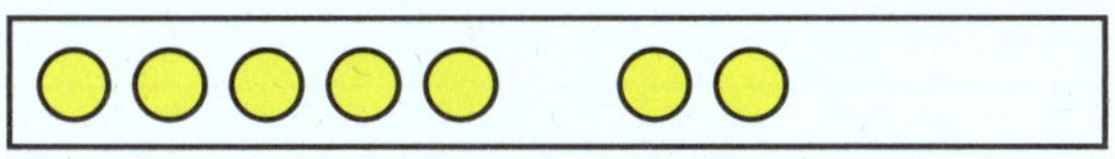

____
Ecuación

4 Resta 8

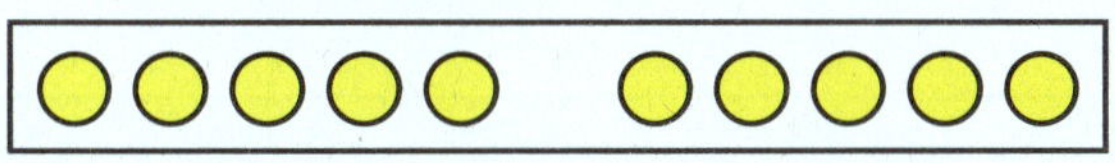

____
Ecuación

5 Resta 5

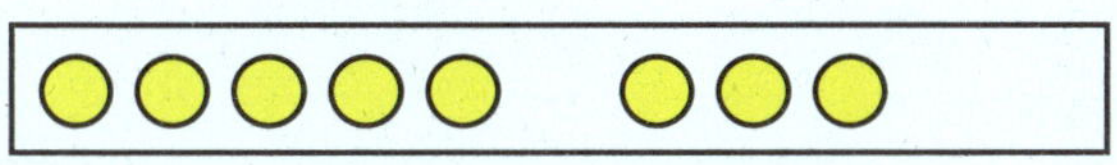

____
Ecuación

6 Resta 7

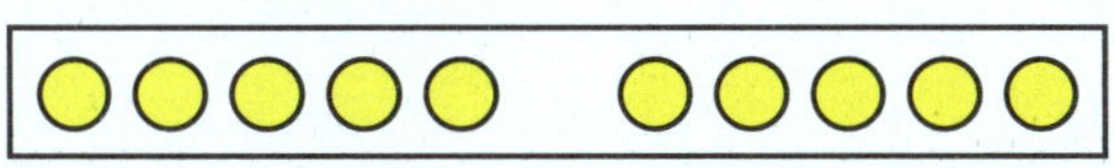

____
Ecuación

7 Resta 6

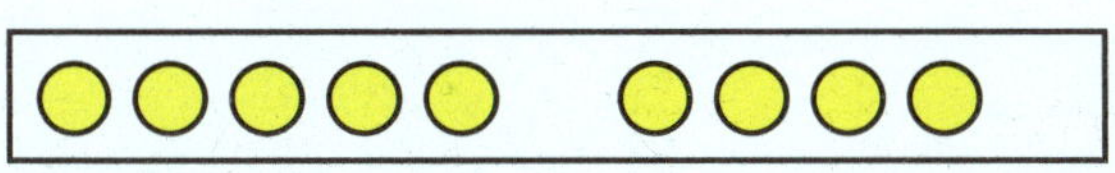

____
Ecuación

Resta y escribe la ecuación.

8 Resta 5

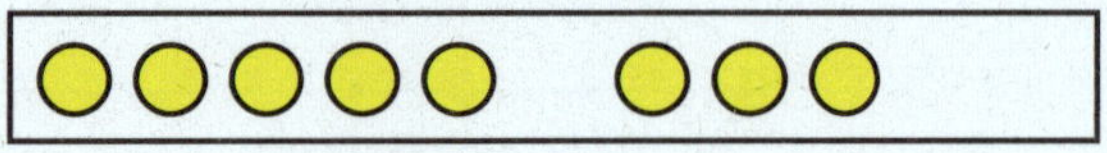

Ecuación

9 Resta 3

Ecuación

10 Resta 6

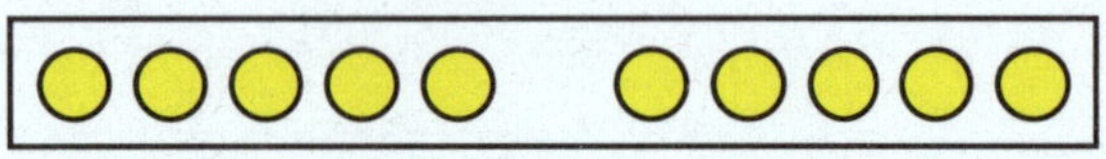

Ecuación

11 Resta 4

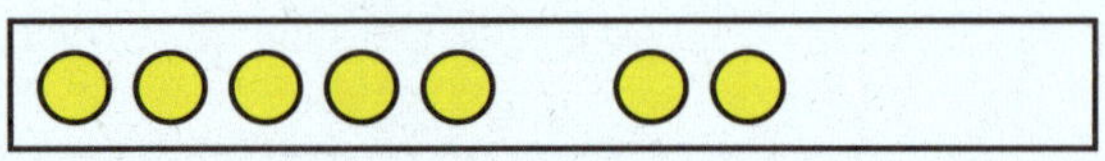

Ecuación

12 Resta 2

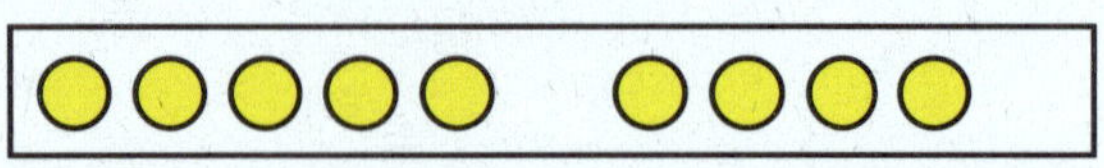

Ecuación

13 En la mesa hay 6 camiones de juguete y 4 de ellos se caen rodando. ¿Cuántos camiones de juguete hay ahora? Usa un dibujo de círculos para resolver. Luego, escribe la ecuación.

Comprobar la comprensión

Haz un dibujo de círculos para representar $10 - 7 = 3$.

Nombre ______________________________

Usa el dibujo para resolver la ecuación.

1

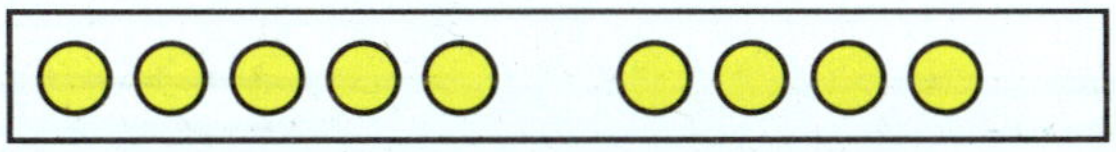

$9 - 6 = \square$

2

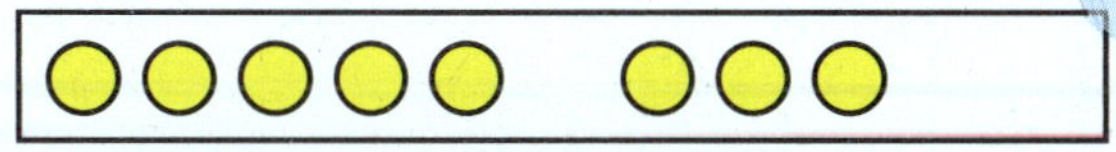

$8 - 5 = \square$

3

$4 - 4 = \square$

4

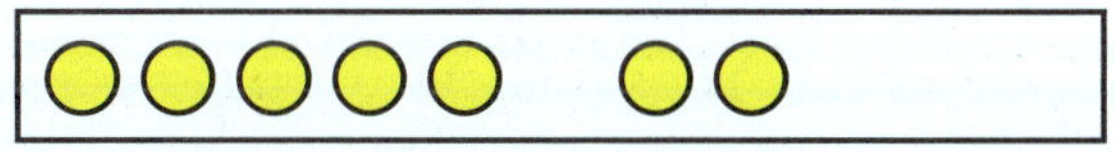

$7 - 3 = \square$

5

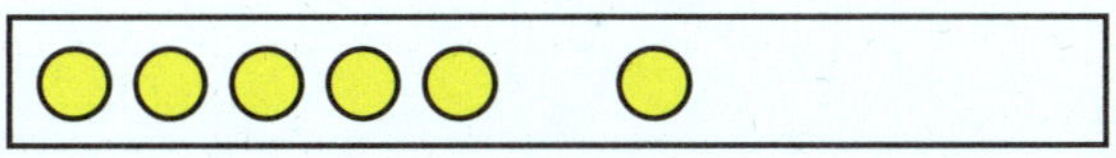

$6 - 5 = \square$

6

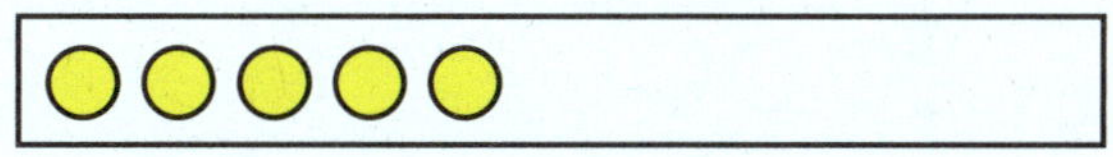

$5 - 4 = \square$

7

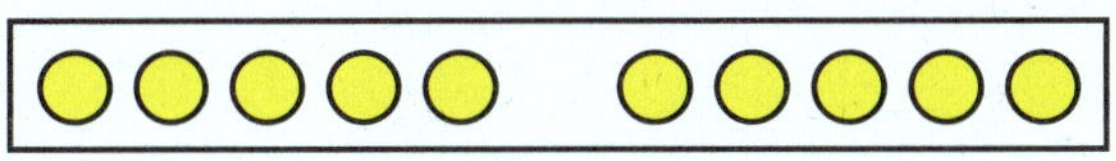

$10 - 6 = \square$

8

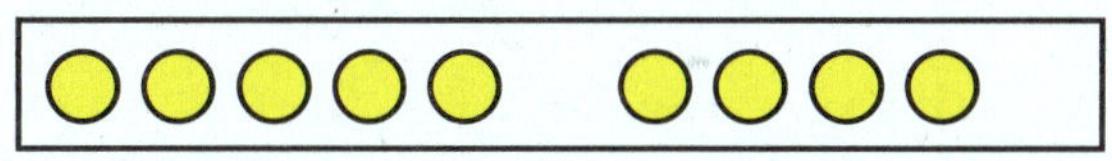

$9 - 3 = \square$

9

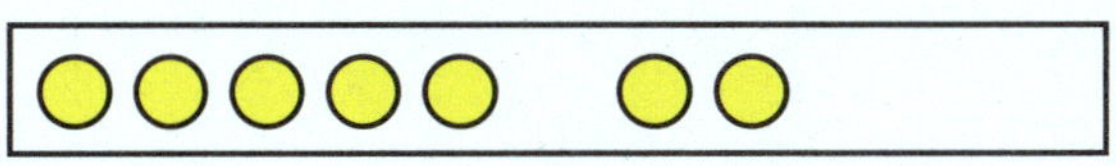

$7 - 6 = \square$

10

$10 - 2 = \square$

11

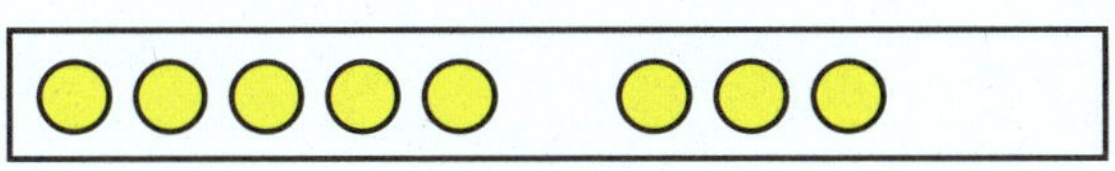

$8 - 4 = \square$

12

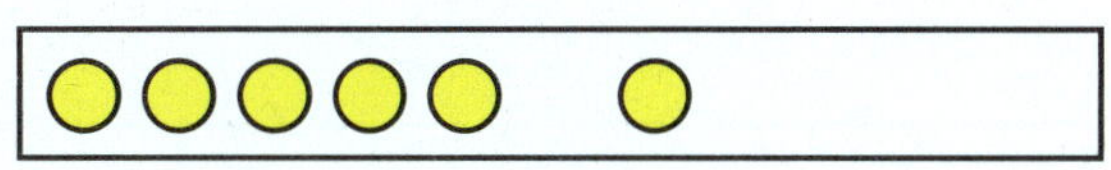

$6 - 2 = \square$

Usa el dibujo para resolver la ecuación.

13 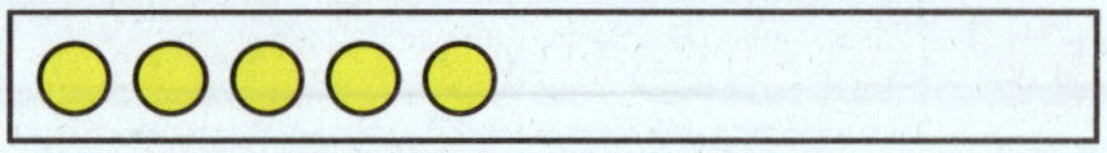

$5 - 3 = \square$

14 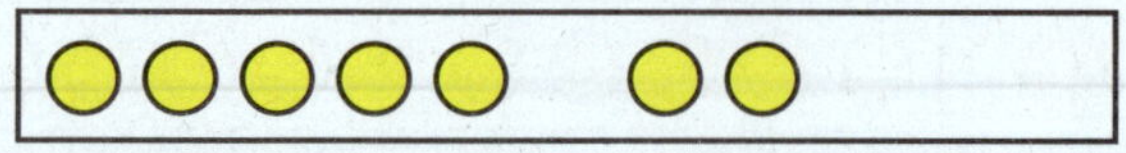

$7 - 4 = \square$

15 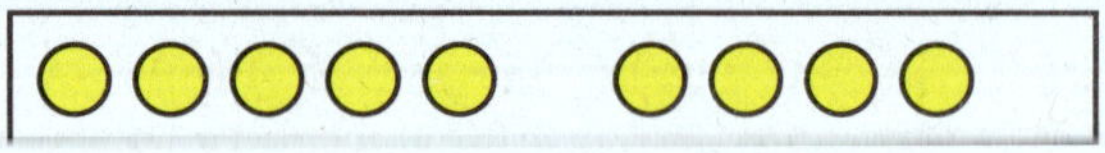

$9 - 5 = \square$

16 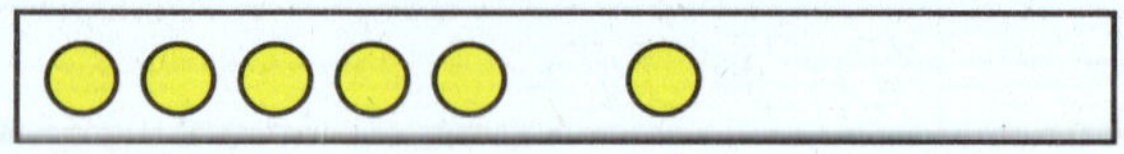

$6 - 4 = \square$

17 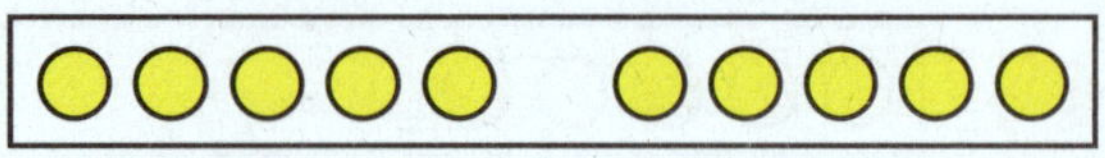

$10 - 3 = \square$

18 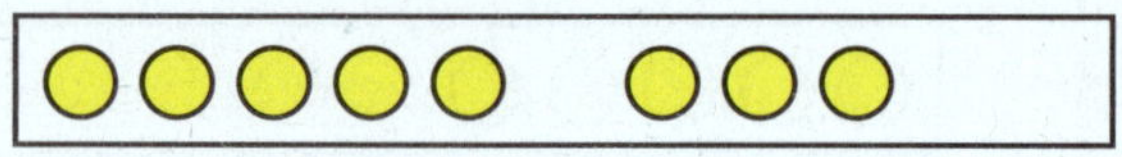

$8 - 6 = \square$

19 Haz un dibujo de círculos para la ecuación $6 - 2 = \square$. Luego calcula la respuesta.

Camino al conocimiento **Resta.**

1 $2 - 1 = \square$

2 $6 - 0 = \square$

3 $1 - 0 = \square$

4 $4 - 1 = \square$

5 $3 - 1 = \square$

6 $10 - 0 = \square$

Comprobar la comprensión

Escucha el problema. Escribe y resuelve la ecuación del problema.

Nombre ____________________

Escribe la ecuación para el problema. Dibuja círculos para comprobar si la ecuación es verdadera o falsa.

1. Hay 8 personas en la fiesta.
Luego, se van 2 personas. Ahora hay
6 personas en la fiesta.

______________ Ecuación

2. Hay 6 vasos en la mesa.
Tim coloca 3 vasos en el lavaplatos.
Ahora hay 2 vasos en la mesa.

______________ Ecuación

3. Hay 7 aves en el árbol y 4 se van volando.
Ahora hay 4 aves en el árbol.

______________ Ecuación

Encierra en un círculo si la ecuación es verdadera o falsa. Dibuja para explicar.

4 $9 - 4 = 7 - 1$

verdadera falsa

5 $6 - 3 = 8 - 5$

verdadera falsa

6 $4 - 1 = 5 - 2$

verdadera falsa

7 $7 - 2 = 9 - 4$

verdadera falsa

8 $3 - 1 = 4 - 1$

verdadera falsa

9 $6 - 3 = 8 - 6$

verdadera falsa

Comprobar la comprensión

Haz un dibujo de círculos para representar $9 - 6 = \square$.

Prueba rápida 3 de la Unidad 2

Nombre ______________________ Fecha __________

Escribe cuántos quedan.

Usa la imagen como ayuda.

1 Hay 7 peces.

$7 - 3 = \square$

Luego, 3 se fueron nadando.

---

2 Hay 10 caracoles.

Luego, 5 se van arrastrándose. $10 - 5 = \square$

Usa el dibujo para resolver la ecuación.

3

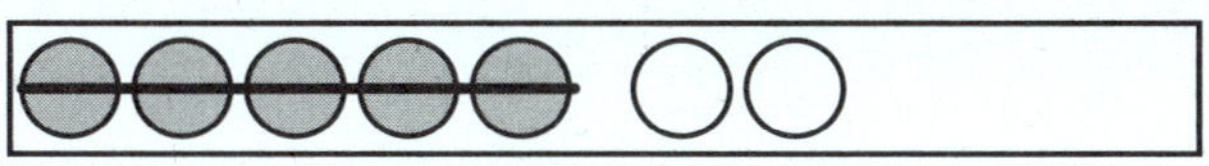

$7 - 5 = \square$

Resta y escribe la ecuación.

4

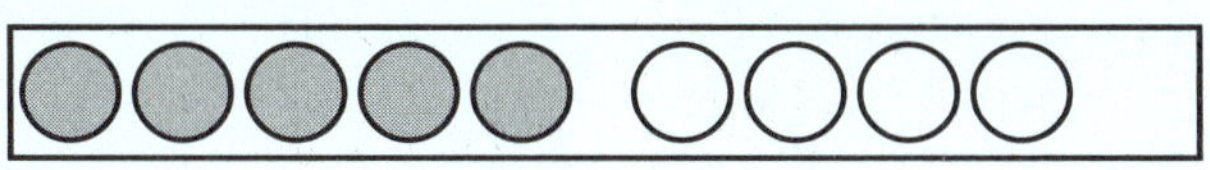

Resta 4

__________ Ecuación

5

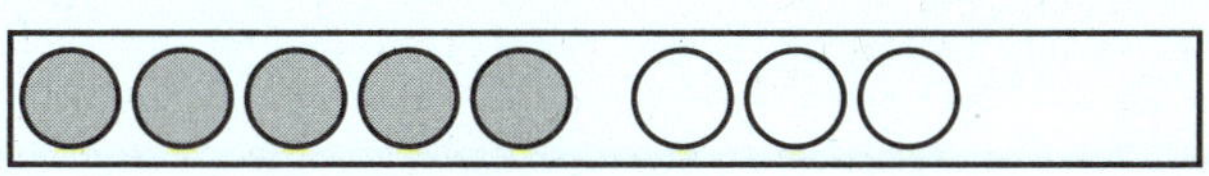

Resta 6

__________ Ecuación

Nombre ______________________ Fecha ______

Camino al conocimiento

Resta.

1 $1 - 0 = \square$

2 $3 - 1 = \square$

3 $2 - 0 = \square$

4 $4 - 1 = \square$

5 $6 - 0 = \square$

6 $5 - 1 = \square$

7 $7 - 0 = \square$

8 $8 - 1 = \square$

9 $9 - 1 = \square$

10 $8 - 0 = \square$

11 $9 - 0 = \square$

12 $7 - 1 = \square$

13 $10 - 0 = \square$

14 $6 - 1 = \square$

15 $10 - 1 = \square$

Nombre ____________________

Relacionar la suma y la resta.

1

Suma	Resta
Hay 5 gatos aquí.	Hay 8 gatos aquí.
Vienen 3 gatos.	5 gatos se van corriendo.
¿Cuántos gatos hay en total?	¿Cuántos gatos quedan?
$5 + 3 =$ 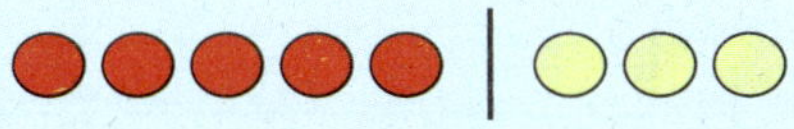	$8 - 5 =$ 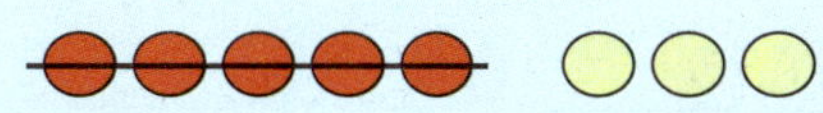
$5 + 3 = \square$	$8 - 5 = \square$
$5 + 3 = \square$	$8 - 5 = \square$
Total desconocido	Parte desconocida
	$5 + \square = 8$

Usa la suma para resolver la resta.

2 $4 + 4 = 8$, por lo tanto sé que $8 - 4 = \square$.

3 $6 + 3 = 9$, por lo tanto sé que $9 - 6 = \square$.

4 $7 + 3 = 10$, por lo tanto sé que $10 - 7 = \square$.

5 $5 + 4 = 9$, por lo tanto sé que $9 - 5 = \square$.

6 $3 + 3 = 6$, por lo tanto sé que $6 - 3 = \square$.

VOCABULARIO
forma vertical

Ecuaciones	Formas verticales
$5 + 3 = 8$	$\begin{array}{r} 5 \\ + 3 \\ \hline 8 \end{array}$ $\begin{array}{r} 8 \\ - 5 \\ \hline 3 \end{array}$
$8 - 5 = 3$	

Resuelve la **forma vertical**. Usa cualquier método.

7. $\begin{array}{r} 6 \\ + 4 \\ \hline \end{array}$

8. $\begin{array}{r} 7 \\ + 2 \\ \hline \end{array}$

9. $\begin{array}{r} 1 \\ + 6 \\ \hline \end{array}$

10. $\begin{array}{r} 2 \\ + 6 \\ \hline \end{array}$

11. $\begin{array}{r} 3 \\ + 7 \\ \hline \end{array}$

Resuelve la forma vertical. Piensa en la suma.

12. $\begin{array}{r} 10 \\ - 8 \\ \hline \end{array}$

13. $\begin{array}{r} 9 \\ - 5 \\ \hline \end{array}$

14. $\begin{array}{r} 7 \\ - 1 \\ \hline \end{array}$

15. $\begin{array}{r} 8 \\ - 3 \\ \hline \end{array}$

16. $\begin{array}{r} 10 \\ - 5 \\ \hline \end{array}$

Camino al conocimiento Resta.

1. $4 - 0 =$ ☐
2. $6 - 1 =$ ☐
3. $4 - 2 =$ ☐
4. $9 - 1 =$ ☐
5. $5 - 2 =$ ☐
6. $8 - 0 =$ ☐
7. $3 - 2 =$ ☐
8. $9 - 0 =$ ☐
9. $7 - 1 =$ ☐

Comprobar el conocimiento

Escribe la ecuación de resta relacionada para $5 + 4 = 9$. Escríbela en forma vertical.

Nombre _______________________

Escribe y resuelve ecuaciones en forma vertical.

1. Hay 3 flores rosadas y 4 amarillas en el jardín. ¿Cuántas flores hay en total?

____

Ecuación

2. Olivia hizo 4 animales de plastilina. Hizo 1 animal verde. ¿Cuántos animales de plastilina no son verdes?

____

Ecuación

3. Hay 6 tortugas en el agua y 2 que salen del agua arrastrándose. ¿Cuántas tortugas hay en el agua ahora?

____

Ecuación

Resuelve.

4. Usa la imagen para escribir un problema.

5. Escribe y resuelve ecuaciones y formas verticales para el problema creado.

Ecuación

Comprobar la comprensión

Resuelve 7 − 3 = ☐. Escribe la forma vertical.

Nombre ______________________

Darya y su familia fueron al parque de animales.

Usa la imagen para resolver la ecuación.

1. Darya ve 5 leones. Luego ve 3 leones más.

¿Cuántos leones ve en total? $5 + 3 = \square$

---

2. Nick ve 9 cocodrilos en el agua. Luego 2 cocodrilos se arrastran fuera del agua.

¿Cuántos cocodrilos hay en el agua ahora? $9 - 2 = \square$

Usa la imagen para resolver la ecuación.

3 Ray ve 1 guepardo en un árbol y 7 leones debajo de un árbol.

¿Cuántos gatos salvajes ve? $1 + 7 = \square$

---

4 Sophie ve 8 babuinos y 2 mandriles.

¿Cuántos monos ve? $8 + 2 = \square$

Prueba rápida 4 de la Unidad 2

Nombre ____________________ Fecha ____________

Usa la suma para resolver la resta.

1. $5 + 3 = 8$, por lo tanto sé que $8 - 3 = \square$.

2. $6 + 4 = 10$, por lo tanto sé que $10 - 4 = \square$.

Resuelve la forma vertical.
Piensa en la suma.

3. $\begin{array}{r} 6 \\ -\ 2 \\ \hline \end{array}$

4. $\begin{array}{r} 8 \\ -\ 1 \\ \hline \end{array}$

5. $\begin{array}{r} 9 \\ -\ 7 \\ \hline \end{array}$

Comprobar el conocimiento 5

Nombre ______________________ Fecha ______________

Camino al conocimiento

Resta.

1. $1 - 1 = \square$
2. $2 - 0 = \square$
3. $2 - 1 = \square$
4. $4 - 1 = \square$
5. $3 - 1 = \square$
6. $5 - 0 = \square$
7. $3 - 2 = \square$
8. $5 - 1 = \square$
9. $6 - 0 = \square$
10. $7 - 0 = \square$
11. $4 - 2 = \square$
12. $6 - 1 = \square$
13. $8 - 1 = \square$
14. $9 - 0 = \square$
15. $5 - 2 = \square$

Nombre ____________________ Fecha ____________

Escribe las partes y el total.

1 ☐ + ☐

Total ☐

2 ☐ + ☐

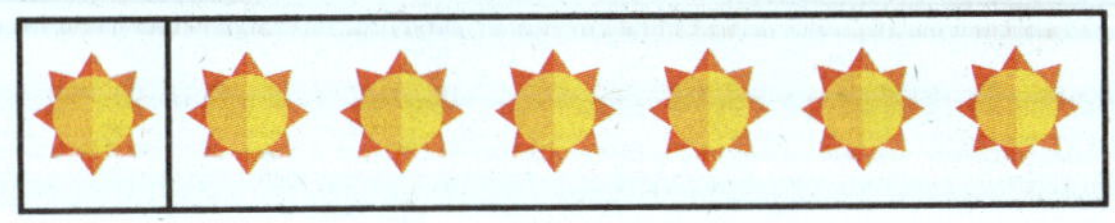

Total ☐

3 ¿Se empareja la ecuación con el dibujo de círculos?
Elige Sí o No.

$3 + 2 = 5$

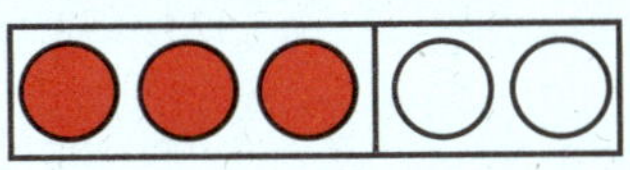

○ Sí ○ No

$5 + 2 = 7$

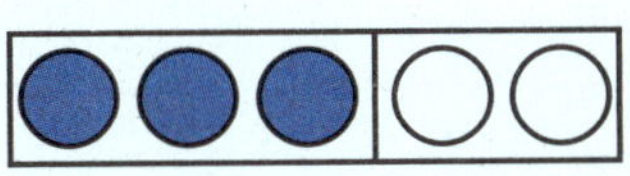

○ Sí ○ No

$6 + 3 = 9$

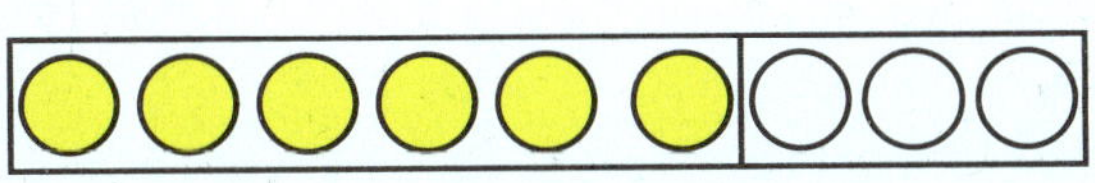

○ Sí ○ No

Nombre ____________________ Fecha ____________

Encierra en un círculo el número total de juguetes en el grupo.

4 Hay 7 muñecas en la caja.

7

9

0

Total

5 Escribe cuántos centavos hay.

☐ ¢

6 Encierra en un círculo un número que represente los carros en la caja. Escribe el total.

4

5

6

☐ Total

Nombre ____________________ Fecha ____________

7 Resuelve. Empareja el problema o el dibujo de círculos con la ecuación.

Hay 8 manzanas.

Se comieron 3.

Hay 7 flores.

Recogieron 5.

Resta 3

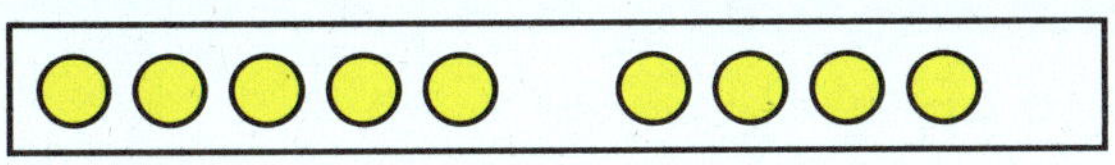

Resta 6

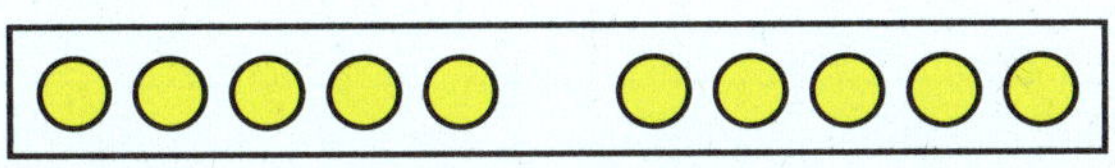

- $9 - 3 = 6$
- $10 - 6 = 4$
- $7 - 5 = 2$
- $8 - 3 = 5$

---

8 Haz un dibujo de círculos

para la ecuación $6 - 4 = \square$.

Luego, calcula la respuesta.

Nombre ______________________ Fecha ____________

9 Escribe la ecuación de resta debajo de la ecuación de suma que te ayuda a resolverla.

10 − 2 = 8	8 − 5 = 3	9 − 4 = 5

3 + 5 = 8 ____________

5 + 4 = 9 ____________

8 + 2 = 10 ____________

---

10 Escribe una ecuación para el problema. Haz un dibujo de prueba para mostrar que la ecuación es verdadera. Escribe la forma vertical.

> Hay 7 flores en el florero.
>
> Lily coloca 2 flores más en el florero.
>
> Ahora hay 9 flores.

 Nombre ______________________

¿Cuántos?

1. Toma algunos cubos rojos.
   Escribe el número de cubos rojos. ______________

2. Toma algunos cubos azules.
   Escribe el número de cubos azules. ______________

3. Dibuja para mostrar los cubos rojos y los azules.

4. Escribe una ecuación para representar cuántos cubos hay en total.

   ____ + ____ = ____

5. Indica cómo sumaste los cubos.

   ____

   ____

6. Escribe una ecuación de resta.
   Haz un dibujo de prueba para resolverlo.

   ____ – ____ = ____

7. Indica cómo restaste los círculos.

   ____

   ____

 Nombre ____________________

8 **Parte A**

Escribe un problema de suma.

____

____

Parte B

Escribe una ecuación para representar tu problema de suma.
Haz un dibujo de prueba de tu problema de suma.

____ + ____ = ____

Indica cómo resolviste tu problema de suma.

---

9 **Parte A**

Observa los números que usaste en tu problema de suma.
Usa los mismos números para escribir un problema de resta.

____

____

____

Parte B

Escribe una ecuación para representar tu problema de resta.
Haz un dibujo de prueba de tu problema de resta.

____ − ____ = ____

Indica cómo resolviste tu problema de resta.

Dear Family:

Your child has started a new unit on story problems. Because most children this age are learning to read, your child may need help reading the story problems. Offer help when it is needed, but do not give the answer.

To solve story problems, children first need to know which number is unknown. Is it the total or one of the parts? This program helps children focus on this important issue by using "Math Mountains." In a Math Mountain, the total sits at the top and the parts (or partners) sit at the bottom of the mountain. Children can quickly see the relationship between the partners and the total when they look at the mountain.

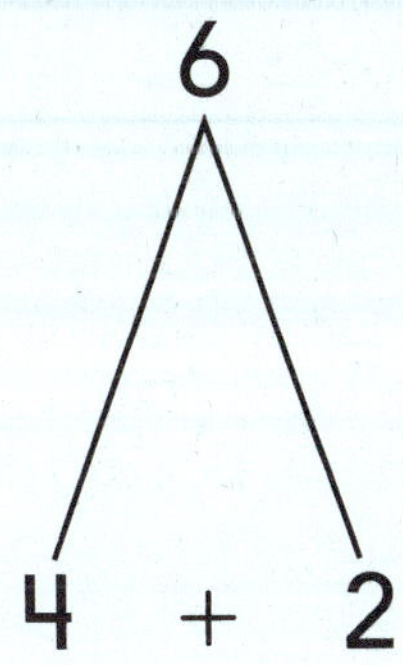

Math Mountain

Math Mountains are especially helpful in showing children how to find an unknown partner, as in the following problem: *I see 9 horses. 5 are black, and the others are white. How many horses are white?*

Children can find the answer by drawing the mountain to see which number is unknown. Then they count on from the partner they know to the total. In this way, they can find the partner they don't know.

Math Mountain with Unknown Partner

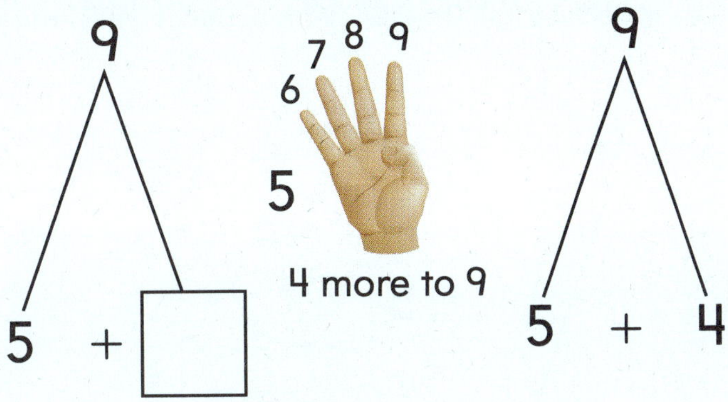

If you have any questions, please contact me.

Sincerely,
Your child's teacher

Estimada familia:

Su niño ha empezado una nueva unidad donde aprenderá cómo resolver problemas matemáticos. Como la mayoría de los niños a esta edad aún están aprendiendo a leer, es probable que su niño necesite ayuda para leer los problemas. Ofrezca ayuda cuando haga falta, pero no dé la respuesta.

Para resolver problemas, los niños primero deben hallar el número desconocido. ¿Es el total o una de las partes? Este programa los ayuda a concentrarse en este punto importante usando "Montañas matemáticas". En una montaña matemática el total está en la cima y las partes están al pie de la montaña. Al ver la Montaña, los niños pueden ver rápidamente la relación entre las partes y el total.

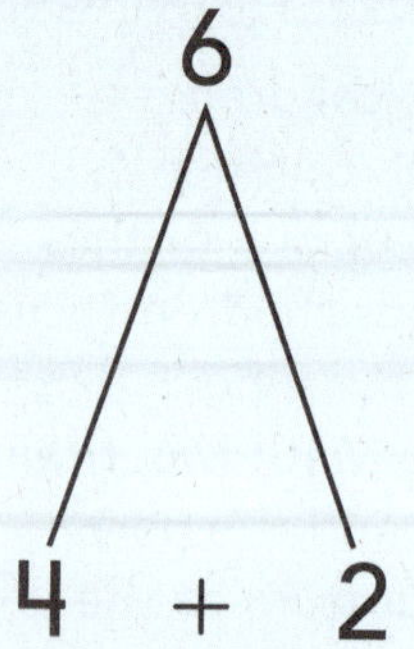

Montaña matemática

Las montañas matemáticas son especialmente útiles para mostrar a los niños cómo hallar una parte desconocida, como en el problema siguiente: *Veo 9 caballos. 5 son negros y los demás son blancos. ¿Cuántos caballos son blancos?*

Los niños pueden hallar la respuesta dibujando la montaña para saber cuál es el número desconocido. Luego, cuentan hacia adelante a partir de la parte que conocen para hallar el total. De esta manera, pueden hallar la parte desconocida.

Montaña matemática con parte desconocida

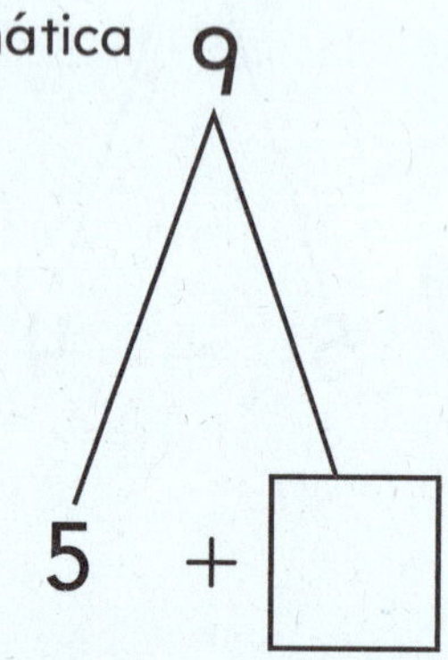

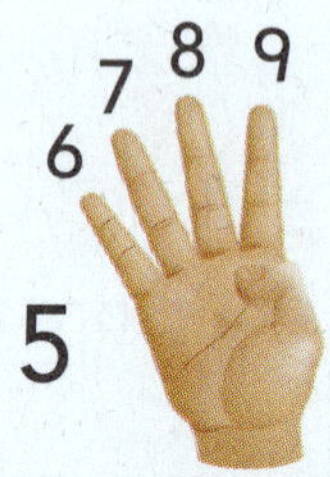

4 más hasta 9

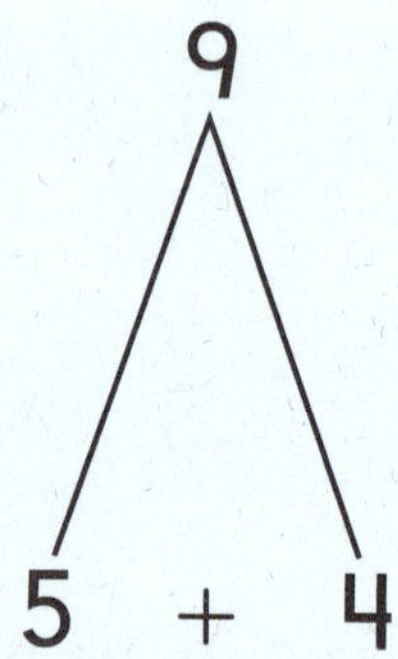

Si tiene alguna pregunta, por favor comuníquese conmigo.

Atentamente,
El maestro de su niño

problemas de resta

Hay 8 moscas en un tronco.
Una rana se come 6.
¿Cuántas moscas quedan?

Nombre ____________________

Calcula la parte desconocida.

1. 6
   4 + ☐

2. 9
   5 + ☐

3. 8
   ☐ + 5

4. 9
   6 + ☐

5. 10
   8 + ☐

6. 7
   ☐ + 3

7. 10
   5 + ☐

8. 8
   ☐ + 6

9. 6
   3 + ☐

10. 9
    4 + ☐

11. 5
    ☐ + 2

12. 7
    2 + ☐

13 Haz tres Montañas matemáticas diferentes con un total de 10.

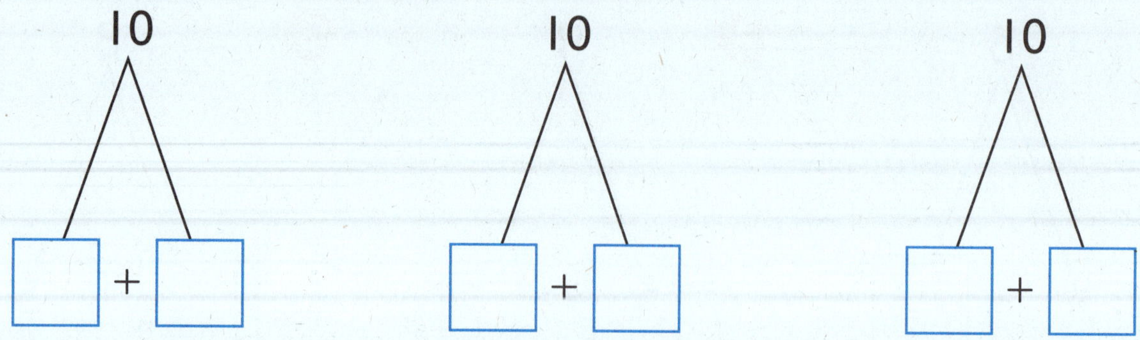

14 Haz tres Montañas matemáticas diferentes con un total de 8.

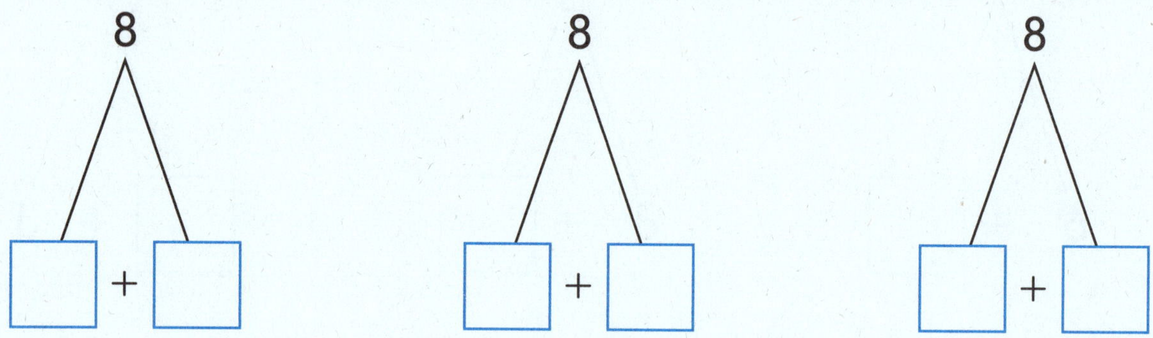

15 Haz tres Montañas matemáticas diferentes con un total de 7.

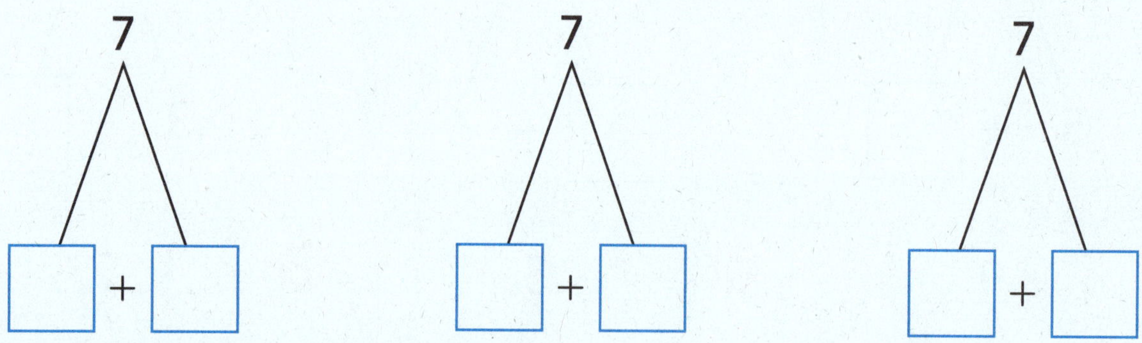

Comprobar la comprensión

Dibuja una Montaña matemática con un total de 8 y la parte de 5. Cuenta hacia adelante para calcular la parte desconocida.

Nombre ______________________

Resuelve el problema.

Muestra tu trabajo. Usa dibujos, números o palabras.

1 Vemos 9 peces. 5 son grandes, los demás son pequeños. ¿Cuántos peces son pequeños?

pez

☐ ______________ rótulo

2 Ocho niños montan bicicleta y 6 van rápido. El resto va lento. ¿Cuántos niños van lento?

bicicleta

☐ ______________ rótulo

3 Ana tiene 2 sombreros y luego obtiene más. Ahora tiene 5. ¿Cuántos sombreros obtiene?

sombrero

☐ ______________ rótulo

4 ¿Por qué es importante escribir un rótulo en la respuesta?

____

____

Resuelve el problema. Usa cubos como ayuda.

5 Rafael tiene 6 duraznos. Quiere repartirlos en un par de platos. ¿Cuántos puede poner en cada plato? Muestra 4 respuestas.

6 = ☐ + ☐

6 = ☐ + ☐

6 = ☐ + ☐

6 = ☐ + ☐

✓ Comprobar la comprensión

Kelly tiene 5 cubos. Le da algunos a María y otros a Jake. ¿Cuántos cubos le puede dar a cada persona? Calcula 3 respuestas.

Nombre ______________________

Cuenta hacia adelante para hallar la parte desconocida.

1. $3 + \square = 6$
2. $7 + \square = 10$
3. $2 + \square = 6$
4. $7 + \square = 9$
5. $4 + \square = 8$
6. $5 + \square = 8$

Cuenta hacia adelante para resolver.

7. 6 cartas en total

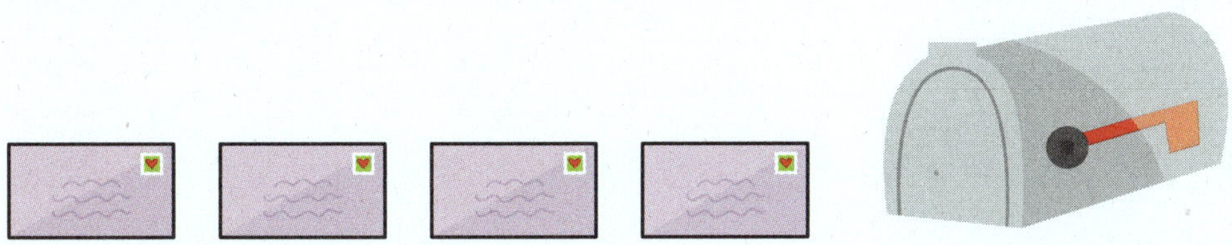

¿Cuántas cartas hay en el buzón?

$\square$ ______________________

rótulo

---

8. 10 huellas en total

¿Cuántas huellas hay debajo del agua?

$\square$ ______________________

rótulo

9 Observa el trabajo del Pingüino Confundido.

$2 + \square = 8$

$2 + \boxed{10} = 8$

10 Ayuda al Pingüino Confundido.

$2 + \square = 8$

Camino al conocimiento **Suma.**

1 $4 + 4 = \square$	2 $3 + 7 = \square$	3 $3 + 3 = \square$
4 $8 + 2 = \square$	5 $2 + 2 = \square$	6 $6 + 4 = \square$
7 $1 + 1 = \square$	8 $1 + 9 = \square$	9 $5 + 5 = \square$
10 $7 + 3 = \square$	11 $2 + 8 = \square$	12 $4 + 6 = \square$

Comprobar la comprensión

Explica cómo contar hacia adelante usando puntos para resolver la ecuación. $6 + \square = 10$.

$3 + \square = 6$	$3 + \square = 7$	$3 + \square = 8$
$3 + \square = 9$	$3 + \square = 10$	$4 + \square = 7$
$4 + \square = 8$	$4 + \square = 9$	$4 + \square = 10$
$5 + \square = 8$	$5 + \square = 9$	$5 + \square = 10$
$6 + \square = 9$	$6 + \square = 10$	$7 + \square = 10$

$3 + \boxed{5} = 8$ 3 •••••	$3 + \boxed{4} = 7$ 3 ••••	$3 + \boxed{3} = 6$ 3 •••
$4 + \boxed{3} = 7$ 4 •••	$3 + \boxed{7} = 10$ 3 •••••••	$3 + \boxed{6} = 9$ 3 ••••••
$4 + \boxed{6} = 10$ 4 ••••••	$4 + \boxed{5} = 9$ 4 •••••	$4 + \boxed{4} = 8$ 4 ••••
$5 + \boxed{5} = 10$ 5 •••••	$5 + \boxed{4} = 9$ 5 ••••	$5 + \boxed{3} = 8$ 5 •••
$7 + \boxed{3} = 10$ 7 •••	$6 + \boxed{4} = 10$ 6 ••••	$6 + \boxed{3} = 9$ 6 •••

Colcha de números 2: Partes desconocidas

3

4

5

6

7

Usar con las tarjetas amarillas o anaranjadas para contar hacia adelante.

Nombre ____________________

Resuelve el problema.

Muestra tu trabajo. Usa dibujos, números o palabras.

1 Sam tiene 4 globos.
Luego, obtiene algunos más.
Ahora tiene 9.
¿Cuántos globos obtuvo?

globo

☐ ____________________
rótulo

2 Hay 8 crayones en la mesa.
Hay 5 crayones rojos,
los otros son verdes.
¿Cuántos crayones son verdes?

mesa

☐ ____________________
rótulo

3 Rebeca ve 10 águilas.
Hay 3 en un árbol y el
resto están volando.
¿Cuántas águilas están volando?

águila

☐ ____________________
rótulo

Resuelve el problema.

Muestra tu trabajo. Usa dibujos, números o palabras.

4. Maddox tiene 3 trenes de juguete. Luego, obtiene más. Ahora tiene 7.
¿Cuántos trenes obtiene?

tren

☐ ____________
rótulo

5. Tomamos 10 manzanas de los árboles. 6 eran verdes y otras eran rojas. ¿Cuántas manzanas son rojas?

árbol

☐ ____________
rótulo

6. Milena quiere colocar 8 pelotas en una caja. Quiere tener pelotas de fútbol y de fútbol americano. ¿Cuántas pelotas de cada deporte podría usar? Muestra dos respuestas.

pelota de fútbol

☐ pelotas de fútbol y ☐ pelotas de fútbol americano

o ☐ pelotas de fútbol y ☐ pelotas de fútbol americano

Comprobar la comprensión

Escribe la parte desconocida. 4 + ☐ = 10

Nombre ______________________

Dibuja una Montaña matemática y escribe una ecuación que represente el problema.

1. Hay 8 vacas en el campo. Hay 6 vacas marrones y el resto son negras. ¿Cuántas vacas son negras?

____
Ecuación

2. Hay 5 gatitos durmiendo. Llegan otros más. Ahora hay 9 gatitos durmiendo. ¿Cuántos gatitos llegaron?

____
Ecuación

3. Jenny tiene 7 flores. Quiere colocar algunas en un florero rojo y en un florero rosado. ¿Cuántas flores puede colocar en cada florero?

____
Ecuación

Dibuja una Montaña matemática para la ecuación.

4. $6 + \square = 10$

5. $7 + \square = 10$

6. $5 + \square = 10$

7. $9 + \square = 10$

8. $4 + \square = 10$

9. $2 + \square = 10$

Comprobar la comprensión

Dibuja una Montaña matemática que se empareje con la ecuación $7 + \square = 9$.

Nombre ______________________ Fecha ____________

Cuenta hacia adelante para calcular la parte desconocida.

1. $2 + \square = 5$

2. $4 + \square = 7$

3. $5 + \square = 9$

Cuenta hacia adelante para resolver.

4. 7 lápices en total

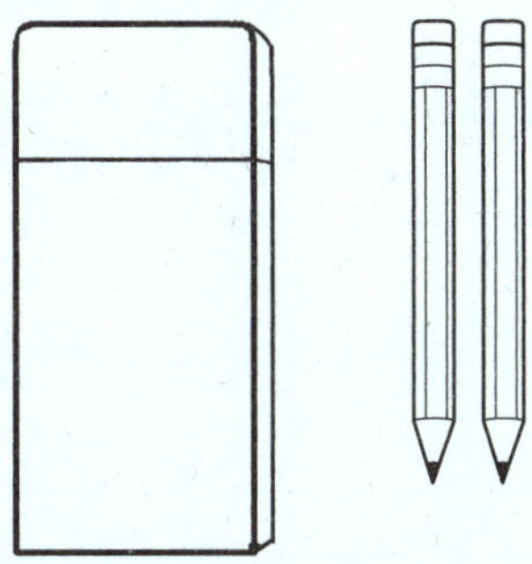

¿Cuántos lápices hay en la caja?

☐ ______________
rótulo

5. 10 monedas de 1¢ en total

¿Cuántas monedas de 1¢ hay en la caja?

☐ ______________
rótulo

Comprobar el conocimiento 6

Nombre ______________________ Fecha ______________

Camino al conocimiento

Suma.

1. 1 + 1 = ☐
2. 2 + 8 = ☐
3. 8 + 2 = ☐
4. 3 + 7 = ☐
5. 2 + 2 = ☐
6. 1 + 9 = ☐
7. 0 + 10 = ☐
8. 4 + 6 = ☐
9. 3 + 3 = ☐
10. 9 + 1 = ☐
11. 4 + 4 = ☐
12. 6 + 4 = ☐
13. 5 + 5 = ☐
14. 10 + 0 = ☐
15. 7 + 3 = ☐

Nombre ______________________________

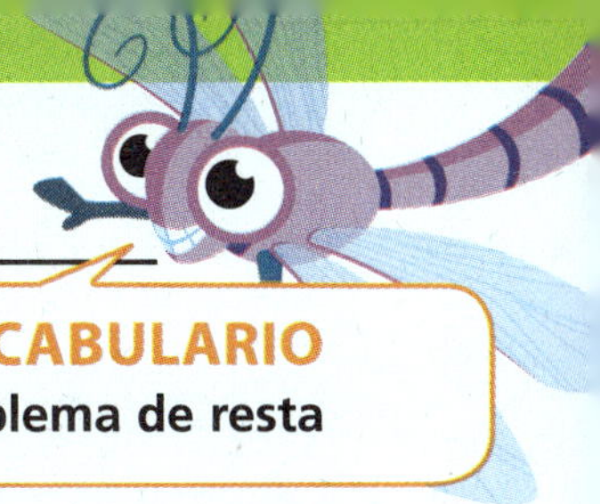

VOCABULARIO
problema de resta

Resuelve el **problema de resta**.

Muestra tu trabajo. Usa dibujos, números o palabras.

1. Hay 8 moscas en un estanque.
   Una rana se come 6.
   ¿Cuántas moscas quedan?

rana

☐ ______________
rótulo

2. Hallé 7 conchas de mar en el océano.
   Luego perdí 3 de ellas.
   ¿Cuántas conchas de
   mar tengo ahora?

concha de mar

☐ ______________
rótulo

3. Dibujé 10 casas.
   Luego borré 5 de ellas.
   ¿Cuántas casas quedan?

casa

☐ ______________
rótulo

4 Escribe un problema de resta.

5 Escribe una ecuación para resolver el problema.
Usa una casilla para el número desconocido.

Camino al conocimiento Resta.

1 $6 - 5 = \square$ 2 $2 - 1 = \square$ 3 $8 - 7 = \square$

4 $10 - 9 = \square$ 5 $5 - 4 = \square$ 6 $3 - 2 = \square$

Comprobar la comprensión

Escucha el problema de resta. Escribe una ecuación para resolver. Usa una casilla para el número desconocido.

$6-3=\square$	$7-3=\square$	$8-3=\square$
$9-3=\square$	$10-3=\square$	$7-4=\square$
$8-4=\square$	$9-4=\square$	$10-4=\square$
$8-5=\square$	$9-5=\square$	$10-5=\square$
$9-6=\square$	$10-6=\square$	$10-7=\square$

$8-3=5$ 3 •••••	$7-3=4$ 3 ••••	$6-3=3$ 3 •••
$7-4=3$ 4 •••	$10-3=7$ 3 •••••••	$9-3=6$ 3 ••••••
$10-4=6$ 4 ••••••	$9-4=5$ 4 •••••	$8-4=4$ 4 ••••
$10-5=5$ 5 •••••	$9-5=4$ 5 ••••	$8-5=3$ 5 •••
$10-7=3$ 7 •••	$10-6=4$ 6 ••••	$9-6=3$ 6 •••

Nombre ______________________

Resuelve. Dibuja y escribe una ecuación.

1. Hay 9 adhesivos en una hoja.
John usa 6 adhesivos.
¿Cuántos adhesivos quedan?

☐ ______________ ______________

rótulo Ecuación

2. Cody ve 7 abejas en las flores.
Luego, 3 abejas se van volando.
¿Cuántas abejas hay ahora?

☐ ______________ ______________

rótulo Ecuación

3. La planta de tomate tiene 5 tomates.
Marvin recoge 2 tomates.
¿Cuántos tomates quedan?

☐ ______________ ______________

rótulo Ecuación

Cuenta hacia adelante para calcular la parte.

4 $6 - 3 = \square$

3	● ● ●

5 $7 - 5 = \square$

5	● ●

6 $7 - 3 = \square$

3	● ● ● ●

7 $5 - 3 = \square$

3	● ●

8 $9 - 5 = \square$

5	● ● ● ●

9 $8 - 4 = \square$

4	● ● ● ●

10 $10 - 7 = \square$

7	● ● ●

11 $9 - 6 = \square$

6	● ● ●

Comprobar la comprensión

Explica cómo resolver el problema de resta $9 - 4 = \square$.

Nombre ____________________

Resuelve y comenta.

1. Vemos 10 perros.
Luego, 7 se van corriendo.
¿Cuántos perros quedan?

☐ ____________
rótulo

____________ Ecuación

____________ Ecuación

2. Vemos 9 perros.
Hay 5 que no ladran
y el resto sí ladra.
¿Cuántos ladran?

☐ ____________
rótulo

____________ Ecuación

____________ Ecuación

3. Comenta los métodos que usaste para resolver los problemas. ¿En qué se asemejan y en qué se diferencian?

Resuelve el problema.

Muestra tu trabajo. Usa dibujos, números o palabras.

4 Hay 8 manzanas y se comieron 6.
¿Cuántas manzanas hay ahora?

manzana

☐ _______________
rótulo

5 Hay 10 aves en el árbol y 6 están cantando. El resto no canta.
¿Cuántas aves no cantan?

árbol

☐ _______________
rótulo

6 Liam tiene 8 zanahorias y se come 4.
¿Cuántas zanahorias le quedan?

zanahoria

☐ _______________
rótulo

✓ Comprobar la comprensión

Resuelve el problema. Escribe la ecuación.
Vemos 9 conejos en el césped y 3 saltan. El resto no salta.
¿Cuántos conejos no saltan?

conejo

☐ _______________ _______________
rótulo Ecuación

Prueba rápida 2 de la Unidad 3

Nombre ______________________ Fecha __________

Resta.

1 $6 - 3 = \square$

2 $7 - 2 = \square$

3 $10 - 4 = \square$

Resuelve el problema.

Muestra tu trabajo.

4 Corey tiene 9 uvas y
se come 5 de ellas.
¿Cuántas uvas le quedan?

$\square$ ______________
rótulo

---

5 Hay 8 gatitos.
6 son negros y el
resto son blancos.
¿Cuántos gatitos son blancos?

$\square$ ______________
rótulo

Comprobar el conocimiento 7

Nombre ______________________ Fecha ______________

Camino al conocimiento

Resta.

1. $2 - 1 = \square$
2. $4 - 3 = \square$
3. $3 - 2 = \square$
4. $7 - 6 = \square$
5. $6 - 5 = \square$
6. $5 - 4 = \square$
7. $9 - 8 = \square$
8. $8 - 7 = \square$
9. $10 - 9 = \square$
10. $4 - 3 = \square$
11. $6 - 5 = \square$
12. $2 - 1 = \square$
13. $5 - 4 = \square$
14. $10 - 9 = \square$
15. $7 - 6 = \square$

Nombre ______________________________

Resuelve y comenta.

1. Hay 4 gatos. Luego, llegan 3 gatos más. ¿Cuántos gatos hay ahora?

$4 + 3 = \square$

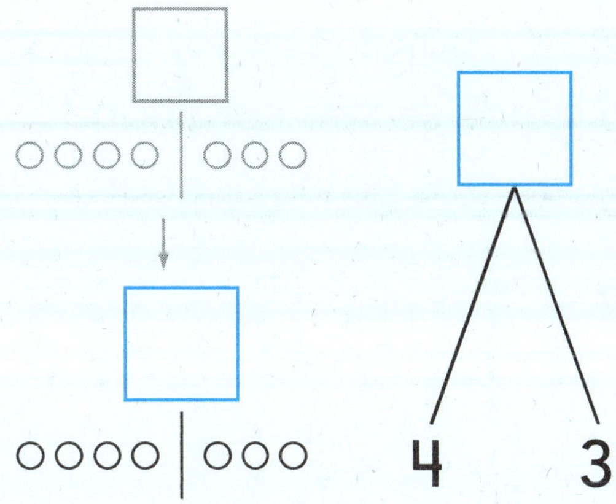

---

2. Hay 6 gatos. Llegan otros gatos. Ahora hay 8 gatos. ¿Cuántos gatos llegaron?

$6 + \square = 8$

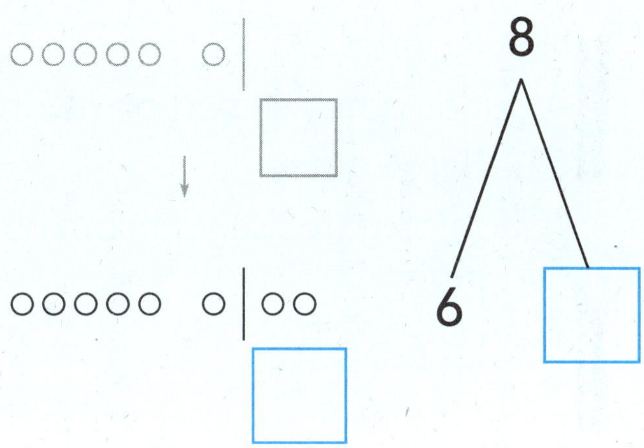

---

3. Hay algunos gatos. Luego, llegan 4 gatos más. Ahora hay 9 gatos. ¿Cuántos gatos había al comienzo?

$\square + 4 = 9$

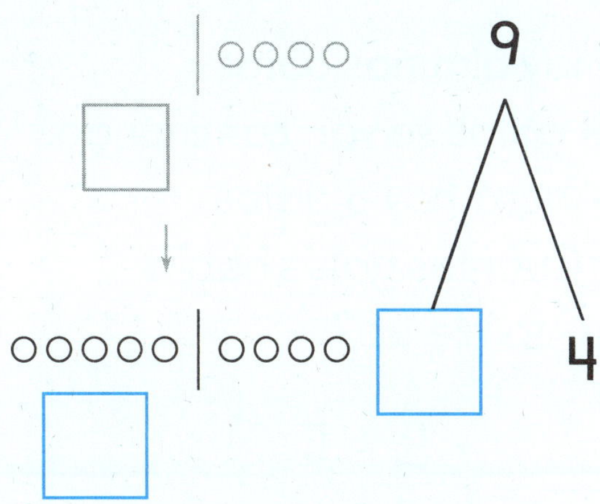

Resuelve y comenta.

4 Hay 7 gatos. Luego,
3 gatos se van caminando.
¿Cuántos gatos quedan?

$7 - 3 = \square$

$3 + \square = 7$

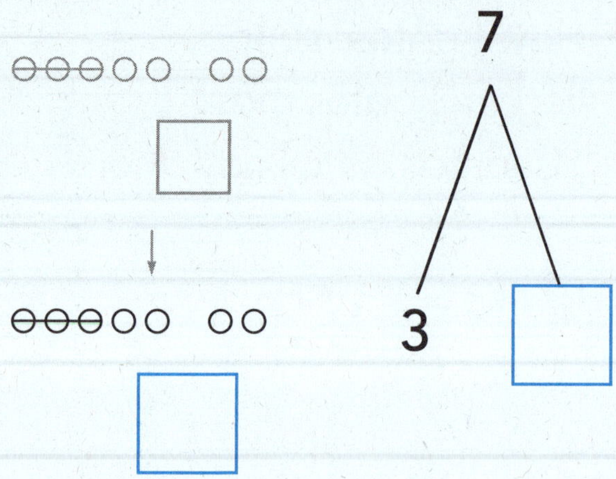

5 Hay 8 gatos.
Algunos gatos se van caminando.
Quedan 6 gatos.
¿Cuántos gatos se van caminando?

$8 - \square = 6$

$6 + \square = 8$

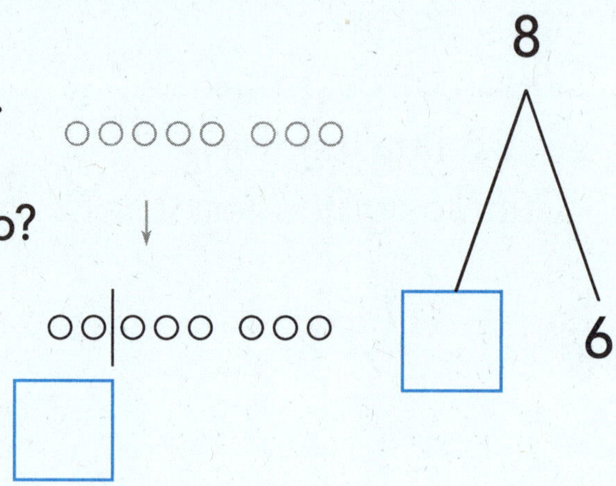

6 Hay algunos gatos.
4 gatos se van caminando.
Ahora hay 5 gatos.
¿Cuántos gatos había
al comienzo?

$\square - 4 = 5$

$5 + 4 = \square$

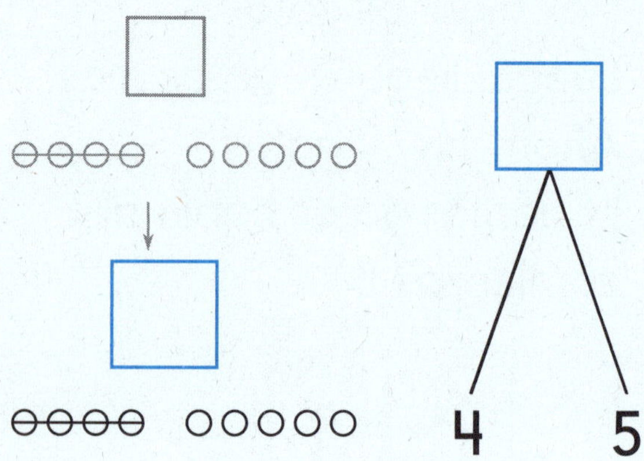

Nombre ____________________

Resuelve el problema.

Muestra tu trabajo. Usa dibujos, números o palabras.

7 Hay 10 gatitos. 7 juegan y el resto duerme. ¿Cuántos duermen?

gatito

☐ ____________________
rótulo

8 Emma tiene 5 cuentas y obtiene algunas más. Ahora tiene 9 cuentas. ¿Cuántas cuentas obtuvo?

cuenta

☐ ____________________
rótulo

9 Hay 8 niños en el parque. Algunos niños se van a su casa. Ahora quedan 3 niños. ¿Cuántos niños se van a la casa?

niño

☐ ____________________
rótulo

10 Hay algunos caballos en el establo. Luego, entran 3 caballos más. Ahora hay 7 caballos en el establo. ¿Cuántos había al comienzo?

establo

☐ ____________________
rótulo

Resuelve el problema.

Muestra tu trabajo. Usa dibujos, números o palabras.

11 Papá recoge algunas flores. Coloca 2 en el florero rojo y las otras 5 en el florero azul. ¿Cuántas flores recogió?

flor

☐ ______
rótulo

12 Meg tiene algunas cerezas y se come 6. Le quedan 4. ¿Cuántas tenía al comienzo?

cereza

☐ ______
rótulo

13 Hay 5 cachorros de perro. Luego, llegan otros 3 cachorros de perro. ¿Cuántos cachorros de perro hay ahora?

cachorro de perro

☐ ______
rótulo

Comprobar la comprensión

Escucha el problema. Dibuja y escribe una ecuación de resta y una ecuación de suma para resolver el problema.

Nombre ______________________________

Resuelve.

1 Sam anota 4 puntos. Julio anota 3 puntos.
¿Cuántos puntos anotaron en total?

Juntos ☐

2 Sam anota 4 puntos. Julio también anota algunos puntos. En total anotaron 7 puntos. ¿Cuántos puntos anotó Julio?

Julio ☐

3 Sam anota algunos puntos. Luego, Julio anota 3 puntos. En total anotaron 7 puntos. ¿Cuántos puntos anotó Sam?

Sam ☐

Resuelve el problema.

Muestra tu trabajo. Usa dibujos, números o palabras.

4 Hay 8 ranas en el estanque. Algunas se van saltando. Quedan 2. ¿Cuántas ranas se van saltando?

estanque

☐ ______ rótulo

5 Iván tiene algunas pelotas. Regala 4 a sus amigos y le quedan 3. ¿Cuántas tenía antes?

pelota

☐ ______ rótulo

6 Hay 7 flores y Sam toma 2. ¿Cuántas flores quedan?

flor

☐ ______ rótulo

Camino al conocimiento Resta.

1 $2 - 2 =$ ☐ **2** $4 - 2 =$ ☐ **3** $4 - 4 =$ ☐

Comprobar la comprensión
Escucha el problema. Dibuja una Montaña matemática o escribe una ecuación para resolver el problema.

Colcha de números 3: Cualquier desconocido

3	4
5	6
7	8
9	10

Usa con cualquiera de las tarjetas para contar hacia adelante

Nombre ______________________

Resuelve el problema.

1 Hay 4 búhos en el árbol. Luego, llegan más búhos. Ahora hay 6 búhos en el árbol. ¿Cuántos búhos llegaron?

búho

☐ ______________________

rótulo

2 Hay algunos niños en el autobús. Se suben 5 más al autobús. Ahora hay 8 niños. ¿Cuántos niños había en el autobús antes?

autobús

☐ ______________________

rótulo

3 Hay 7 plantas en el jardín. Hay dos plantas de zanahoria y el resto son de cebolla. ¿Cuántas plantas son de cebolla?

cebolla

☐ ______________________

rótulo

4 Hay algunos lagartos en un tronco. Luego, se van 3. Ahora hay 7 lagartos. ¿Cuántos lagartos había al comienzo?

lagarto

☐ ______________________

rótulo

Resuelve.

5
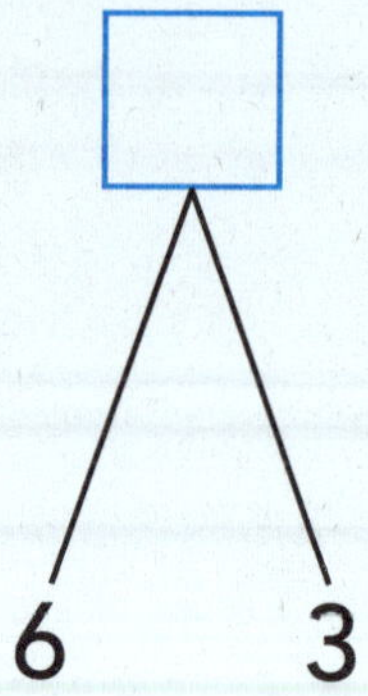

6
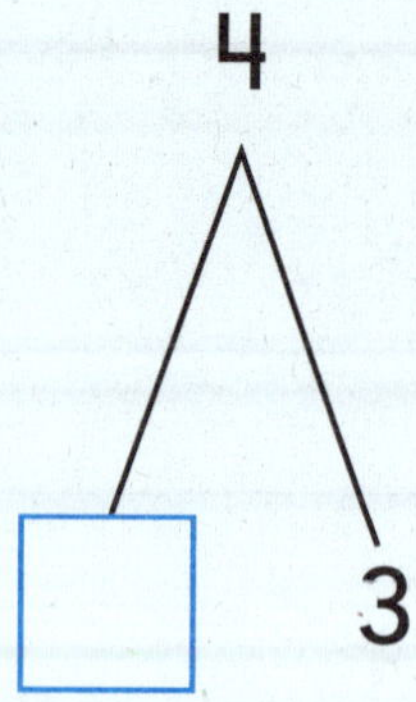

7
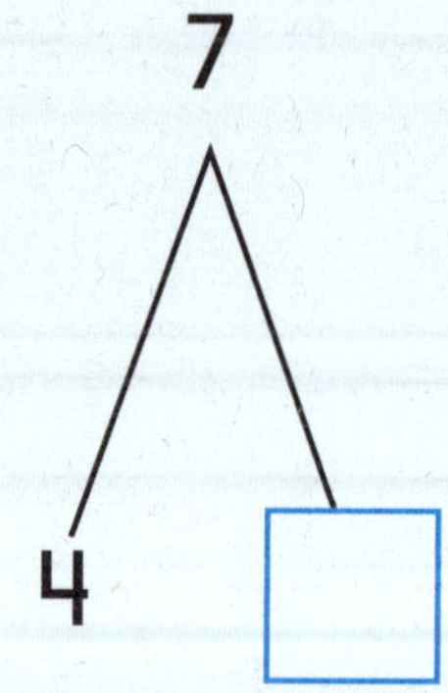

8
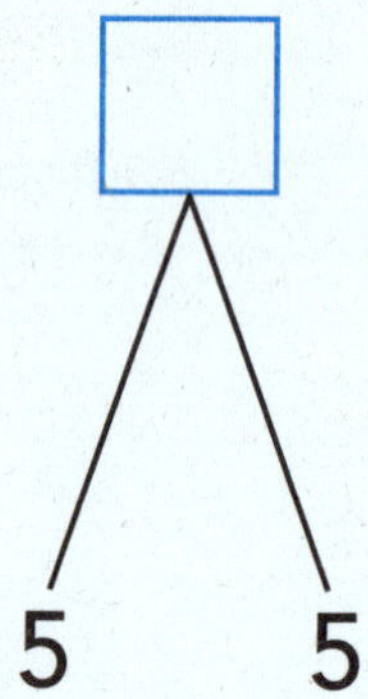

9
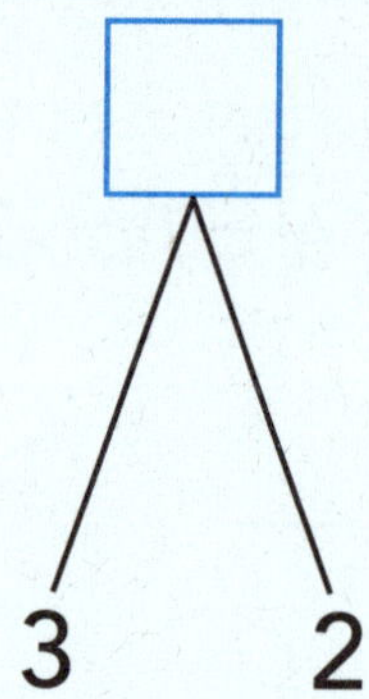

10
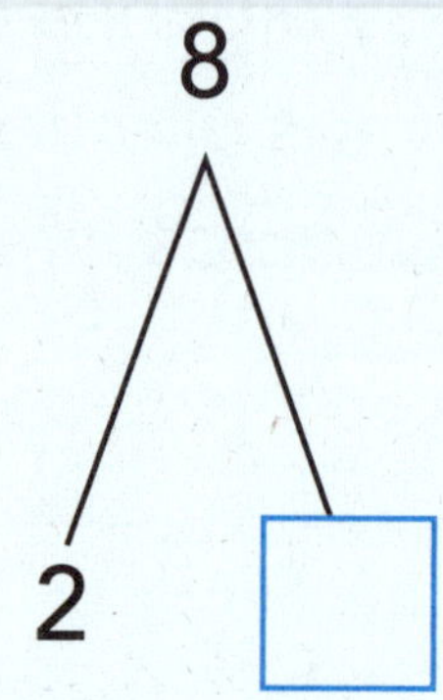

11
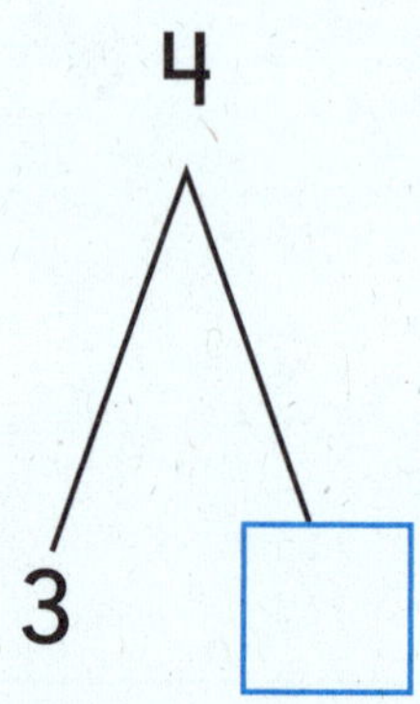

12
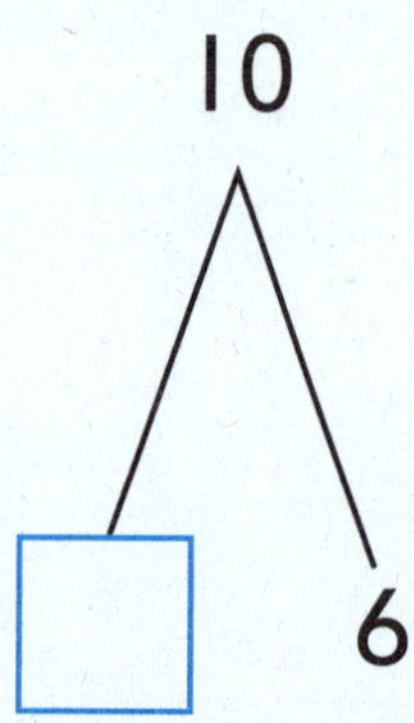

13
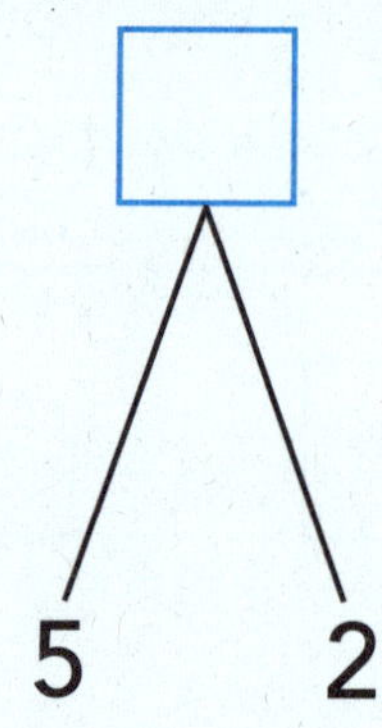

14 $\square + 8 = 10$

15 $4 + \square = 6$

16 $10 - \square = 2$

Comprobar la comprensión

Resuelve. Dibuja para representar cómo resolviste la ecuación.

$\square - 4 = 6$

Nombre ______________________________

Escribe la ecuación para resolver.

1 Hay 7 pelotas en la caja. Jabar coloca algunas pelotas más en la caja. Ahora hay 10 pelotas en la caja. ¿Cuántas pelotas colocó Jabar en la caja?

□ ○ □ = □

Jabar coloca □ pelotas en la caja.

---

2 Hay 8 pelotas de béisbol en el balde. Leslie toma algunas pelotas de béisbol del balde. Ahora hay 6 pelotas de béisbol en el balde. ¿Cuántas pelotas de béisbol toma Leslie?

□ ○ □ = □

Leslie toma □ pelotas de béisbol.

3 Usa la imagen para escribir un problema.
Escribe y resuelve la ecuación.

□ ○ □ = □

□ ______
rótulo

Prueba rápida 3 de la Unidad 3

Nombre ______________________ Fecha __________

Calcula la parte desconocida o el total.
Cuidado con los signos.

1. $6 - 5 = \square$

2. $8 + 2 = \square$

3. $7 - \square = 1$

Resuelve el problema.

Muestra tu trabajo.

4. Kyle atrapó 8 ranas.
Dejó ir algunas ranas.
Ahora tiene 2 ranas.
¿Cuántas ranas dejó ir?

$\square$ ______________
rótulo

---

5. Hay algunas aves en un árbol. Luego,
4 aves se van volando. Ahora hay 5 aves.
¿Cuántas aves había en el árbol al comienzo?

$\square$ ______________
rótulo

Comprobar el conocimiento 8

Nombre ______________________ Fecha ______________

Camino al conocimiento

Resta.

1. $2 - 1 =$ ☐
2. $3 - 3 =$ ☐
3. $1 - 1 =$ ☐
4. $2 - 2 =$ ☐
5. $4 - 2 =$ ☐
6. $5 - 5 =$ ☐
7. $7 - 7 =$ ☐
8. $6 - 6 =$ ☐
9. $6 - 3 =$ ☐
10. $8 - 8 =$ ☐
11. $8 - 4 =$ ☐
12. $9 - 9 =$ ☐
13. $10 - 10 =$ ☐
14. $10 - 5 =$ ☐
15. $4 - 4 =$ ☐

Nombre ____________________ Fecha ____________

1 Empareja cada conjunto de partes con un total.

$6 + 2 =$ ______ •	• 5
$9 - 3 =$ ______ •	• 10
$3 + 7 =$ ______ •	• 8
$8 - 3 =$ ______ •	• 6

Haz tres montañas matemáticas diferentes con un total de 6.

2

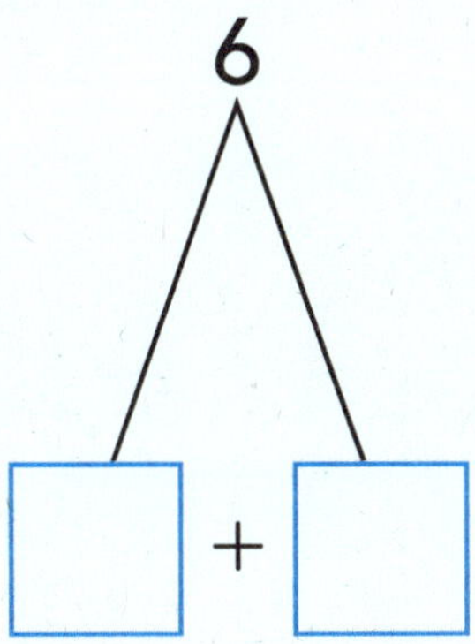

3

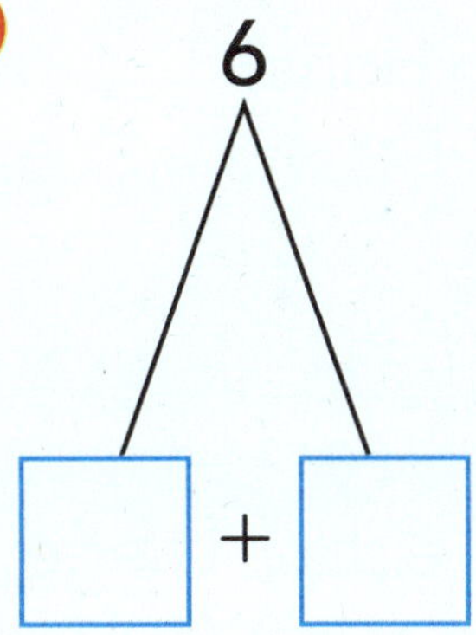

4

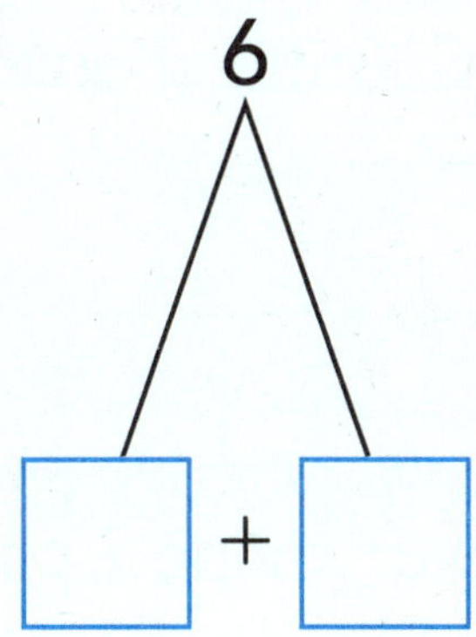

5 Cuenta hacia adelante para resolver.

8 rastrillos en total

¿Cuántos rastrillos hay en el cobertizo?

☐ ____________

rótulo

Nombre ____________________ Fecha ____________

Resuelve el problema.

6 Maisy tiene 5 globos. Recibe otros globos más. Ahora tiene 9 globos. ¿Cuántos globos recibe Maisy?

globo

☐ ____________ rótulo

---

7 Hans tomó 5 manzanas. Luego, tomó 3 más. ¿Cuántas manzanas tomó Hans?

manzana

☐ ____________ rótulo

---

8 Avery tiene 7 pelotas de béisbol. Luego, obtiene algunas más. Ahora Avery tiene 10 pelotas de béisbol. ¿Cuántas pelotas de béisbol obtuvo?

pelota

☐ ____________ rótulo

Completa las ecuaciones. Usa los números en las fichas.

6	5	4	8

9 $10 - \square = 2$

10 $4 + \square = 8$

11 $3 + \square = 9$

12 $8 - \square = 3$

 Nombre ____________ Fecha ____________

Encierra en un círculo el número que hace el enunciado verdadero.

13 Lila tiene 10 libros y regala 4.

libro

Ahora Lila tiene

4
6
10

libros.

14 Usa la imagen para escribir un problema.
Escribe y resuelve la ecuación.

$\square \bigcirc \square = \square$

$\square$ ______________
rótulo

Nombre ____________________ Fecha ____________

Resuelve el problema.

15 Marty ve 8 aves en un alimentador de aves. Hay aves rojas y aves azules. ¿Cuántas aves de cada color puede ver Marty? Muestra tres respuestas correctas.

ave

☐ aves rojas y ☐ aves azules

o ☐ aves rojas y ☐ aves azules

o ☐ aves rojas y ☐ aves azules

---

16 Lee el problema. Escribe una ecuación de resta y una ecuación de suma para el problema. Dibuja una Montaña matemática para emparejar.

Hay 7 hojas en una rama.
Luego, se caen 3 hojas.
¿Cuántas hojas hay en la rama ahora?

 Nombre ______________________

Juego del escondite

Algunos niños juegan al escondite.

Elige un número del 1 al 10 para cada □.
Usa cada número solo una vez.

1. Hay 10 niños jugando. □ se fueron a esconder.
¿Cuántos quedan?

□ niños

2. Están escondidos □ niños. □ niños más se esconden.

¿Cuántos niños están escondidos?

□ niños

3. Escribe ecuaciones para los Problemas 1 y 2.

□ ○ □ = □ | □ ○ □ = □

4. Demuestra que sabes qué partes y qué total escribir en cada ecuación. Usa dibujos, números o palabras.

Nombre ______________________________

Fútbol

Algunos niños juegan fútbol.
Elige un número del 1 al 10. Usa cada número solo una vez.

5 **Parte A** 10 niños juegan fútbol. ☐ jugadores se van.

¿Cuántos quedan? ☐ niños

Parte B Dibuja para hacer un problema.

Escribe una ecuación del problema. ☐ ○ ☐ = ☐

6 **Parte A** 4 niños juegan fútbol. ☐ jugadores se unen.

¿Cuántos hay en total? ☐ niños

Parte B Dibuja para hacer un problema.

Escribe una ecuación del problema. ☐ ○ ☐ = ☐

Dear Family:

Your child is learning about place value and numbers to 100. In this program, children begin by counting tens: 10, 20, 30, 40, and so on. They use a 10 × 10 Grid to help them "see" the relationship between the tens digit in a decade number and the number of tens it has.

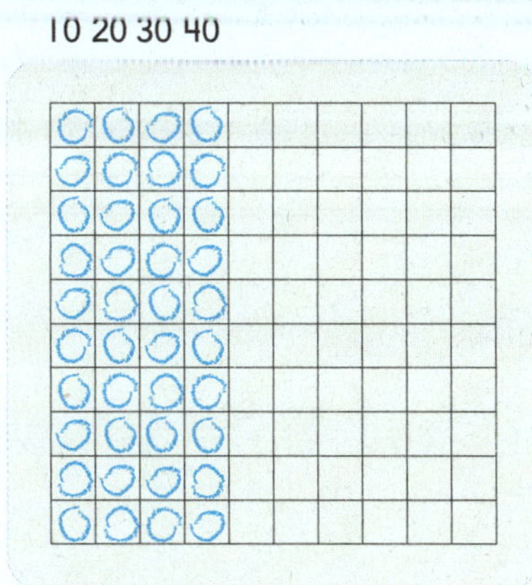

40 is 4 tens.

Soon, children will link 2-digit numbers to tens and extra ones. They will learn that a 2-digit number, such as 46, is made up of tens and ones, such as 40 and 6. Next, children will use what they know about adding 1-digit numbers to add 2-digit numbers.

$$3 + 4 = 7, \text{ so } 30 + 40 = 70.$$

Finally, they will learn to regroup and count on to find a total. For example:

$$19 + 5 = \boxed{24}$$

Right now, your child may enjoy counting by tens for you. He or she may also enjoy using household items to make groups of ten and extra ones, and then telling you the total number.

Sincerely,
Your child's teacher

Estimada familia:

Su niño está aprendiendo sobre valor posicional y los números hasta 100. En este programa, los niños empiezan contando decenas: 10, 20, 30, 40, etc. Usan una cuadrícula de 10 por 10 como ayuda para "ver" la relación entre el dígito de las decenas en el número que termina en cero y el número de decenas que tiene.

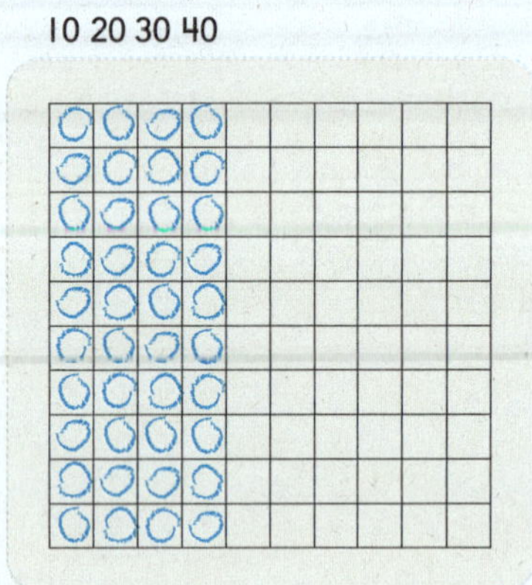

40 es 4 decenas.

En poco tiempo, los niños harán la conexión entre números de 2 dígitos y decenas más otras unidades. Aprenderán que un número de 2 dígitos, tal como 46, consta de decenas y unidades, como 40 y 6. Luego, los niños usarán lo que saben de la suma de números de 1 dígito para sumar números de 2 dígitos.

$3 + 4 = 7$, por lo tanto $30 + 40 = 70$.

Finalmente, aprenderán a reagrupar y contar hacia adelante para hallar el total. Por ejemplo:

$19 + 5 = \boxed{24}$

Por lo pronto, tal vez a su niño le guste contar en decenas para Ud. También puede gustarle usar objetos del hogar para formar grupos de diez más otras unidades y luego decir el número total.

Atentamente,
El maestro de su niño

comparar	dobles menos 2
moneda de 10¢	dobles más 1
dobles menos 1	dobles más 2

7 + 7 = 14, por lo tanto
7 + 5 = 12, 2 menos que 14.

11 es menor que 12.
11 < 12

12 es mayor que 11.
12 > 11

6 + 6 = 12, por lo tanto,
6 + 7 = 13, 1 más que 12.

frente reverso

10 centavos o 10¢

6 + 6 = 12, por lo tanto
6 + 8 = 14, 2 más que 12.

7 + 7 = 14, por lo tanto
7 + 6 = 13, 1 menos que 14.

número en palabras	
moneda de 25¢	
decenas	

12
doce ← **número en palabras**

frente

reverso

25 centavos o 25¢

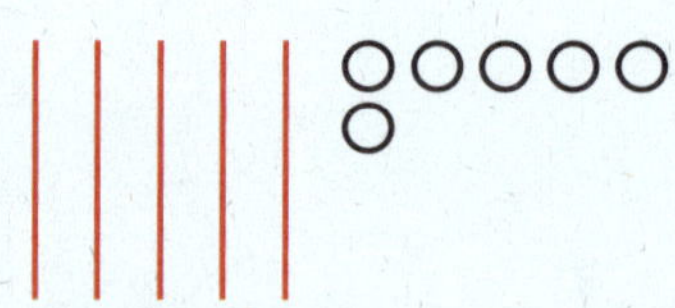

decenas

56 tiene 5 **decenas**.

Nombre ____________________

VOCABULARIO
decena en decena

¿Cuántos círculos hay? Cuenta de **decena en decena**.

1

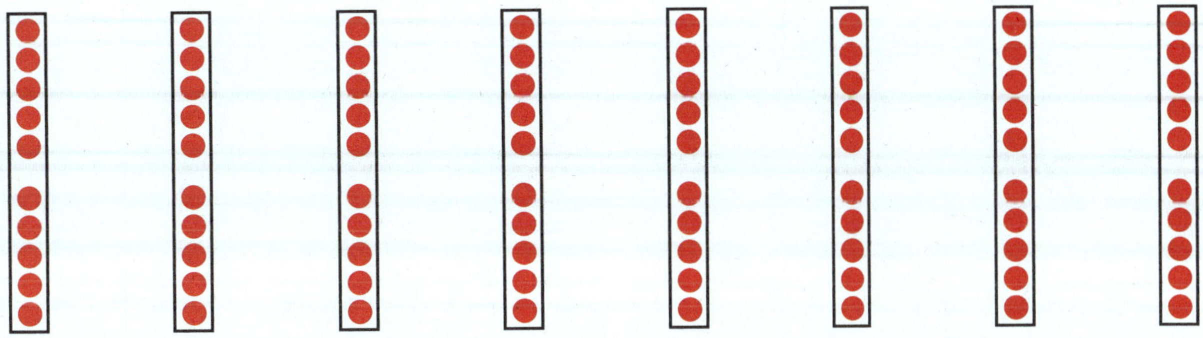

____ ____ ____ ____ ____ ____ ____ ____

Total

Suma 1 decena.

2

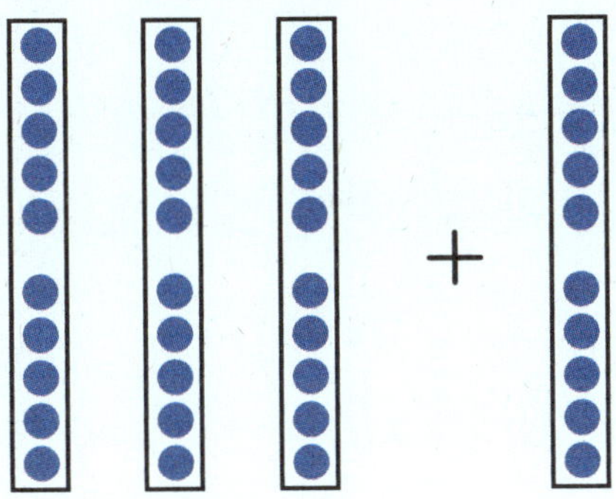

Ecuación ____________________

3

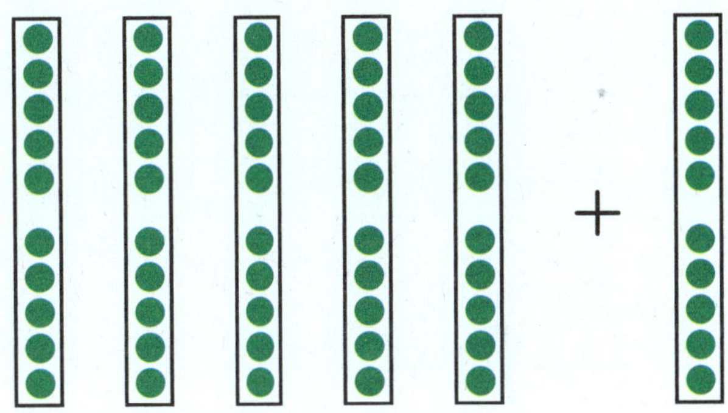

Ecuación ____________________

4

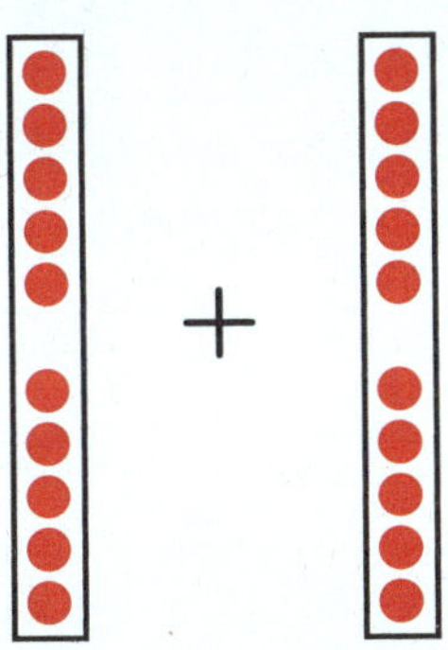

Ecuación ____________________

5

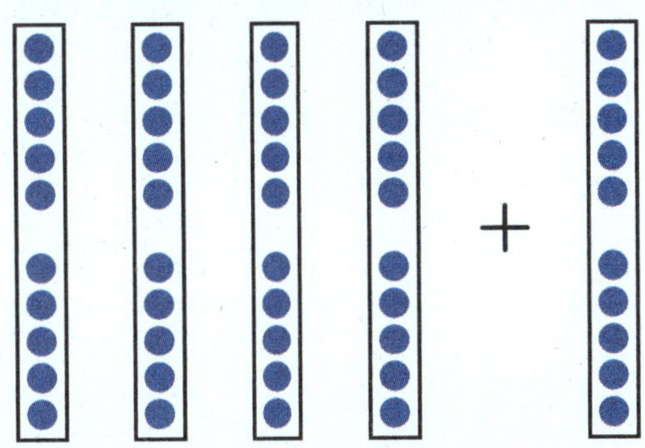

Ecuación ____________________

Suma 10.

6. $50 + 10 =$ ☐
7. $10 + 10 =$ ☐
8. $30 + 10 =$ ☐
9. $80 + 10 =$ ☐
10. $70 + 10 =$ ☐
11. $60 + 10 =$ ☐
12. $40 + 10 =$ ☐
13. $90 + 10 =$ ☐

Escribe los números.

14. 20 = _____ decenas
_____ unidades

15. 80 = _____ decenas
_____ unidades

16. 50 = _____ decenas
_____ unidades

17. 10 = _____ decena
_____ unidades

---

18. Dibuja decenas para resolver.
Escribe el número desconocido.

☐ $+ 10 = 30$

Comprobar la comprensión
¿En qué se parece contar decenas y sumar decenas?

Nombre ______________________________

Resuelve. Escribe una ecuación que muestre una decena y unidades adicionales.

1. Choi tiene 10 lápices en un paquete y 4 lápices adicionales. ¿Cuántos lápices tiene en total?

lápiz

☐ + ☐ = ☐ ☐ lápices

2. Hay 10 vasos en una caja y 7 vasos adicionales. ¿Cuántos vasos hay en total?

vaso

☐ + ☐ = ☐ ☐ vasos

3. Ginger tiene una bandeja con 10 plantas y 2 plantas adicionales. ¿Cuántas plantas hay en total?

planta

☐ + ☐ = ☐ ☐ plantas

4. Abe tiene un envase con 10 pinceles y 8 pinceles adicionales. ¿Cuántos pinceles hay en total?

pincel

☐ + ☐ = ☐ ☐ pinceles

Dibujo círculos en la cuadrícula para mostrar los números del 11 al 19. Escribe la ecuación.

5 Representa 16

_____ + _____ = _____

6 Representa 13

_____ + _____ = _____

7 Representa 11

_____ + _____ = _____

8 En una repisa hay un conjunto de 10 libros y 5 libros adicionales. ¿Cuántos libros hay en total?

Muestra los números del 11 al 19 de dos maneras diferentes.

Comprobar la comprensión

Explica qué es un número del 11 al 19.

Dear Family:

To help children "see" the tens and ones in 2-digit numbers, the *Math Expressions* program uses special drawings of 10-sticks to show tens, and circles to show ones. These images help children learn place value. Below are the numbers 27 and 52 shown with 10-sticks and circles:

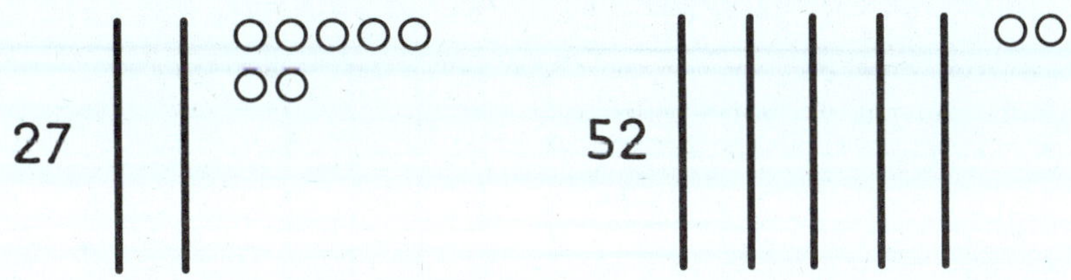

10-sticks and circles will also be used later to help children solve addition problems that require regrouping (sometimes called "carrying"). When there are enough circles to make a new ten, they are circled and then added like a 10-stick. The problem below shows 38 + 5:

Step 1: Show the two numbers with 10-sticks and circles.

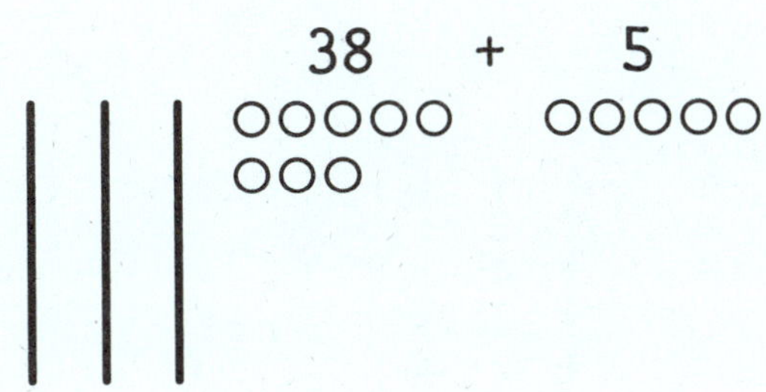

Step 2: Group the ones to make a new ten. Count by tens and ones.

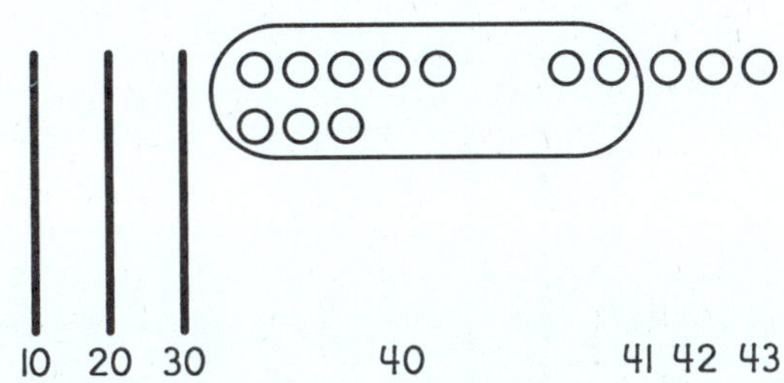

Right now, your child is just beginning to show teen numbers with 10-sticks and circles. Soon your child will be able to draw 10-sticks and circles for any 2-digit number.

In this unit, children will also use coins to help them understand place value, find equivalent values between coins, and solve coin story problems. As they complete their homework, they may use real or play coins to help them.

Sincerely,
Your child's teacher

Estimada familia:

Para ayudar a los niños a "ver" las decenas y las unidades en los números de 2 dígitos, el programa *Math Expressions* usa dibujos especiales de palitos de decenas para mostrar las decenas, y círculos para mostrar las unidades. Estas imágenes ayudan a los niños a aprender el valor posicional. Abajo se muestran los números 27 y 52 con palitos de decenas y círculos:

27 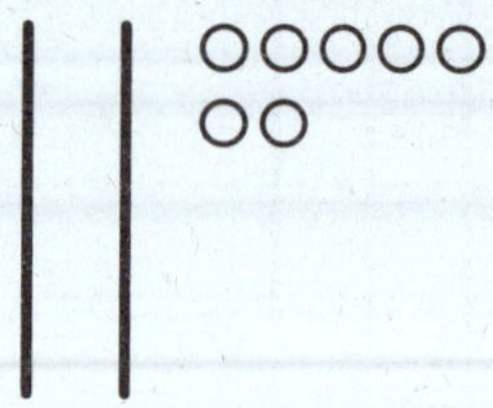

52 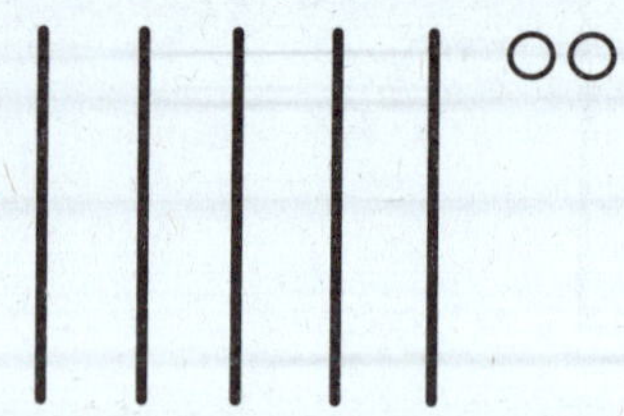

Más adelante, los palitos de decenas y los círculos también se usarán para ayudar a los niños a resolver problemas de suma que requieren reagrupar (que a veces se llama "llevar"). Cuando hay suficientes círculos para formar una nueva decena, se encierran en un círculo y se suman como si fueran un palito de decena. El siguiente problema muestra 38 + 5:

Paso 1: Mostrar los dos números con palitos de decenas y círculos.

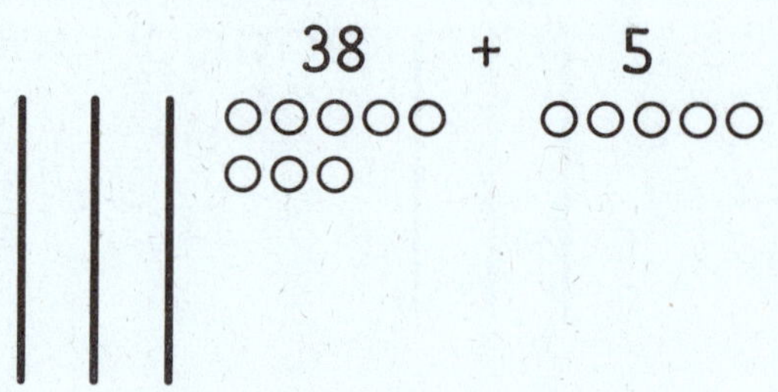

Paso 2: Agrupar las unidades para formar una nueva decena. Contar en decenas y unidades.

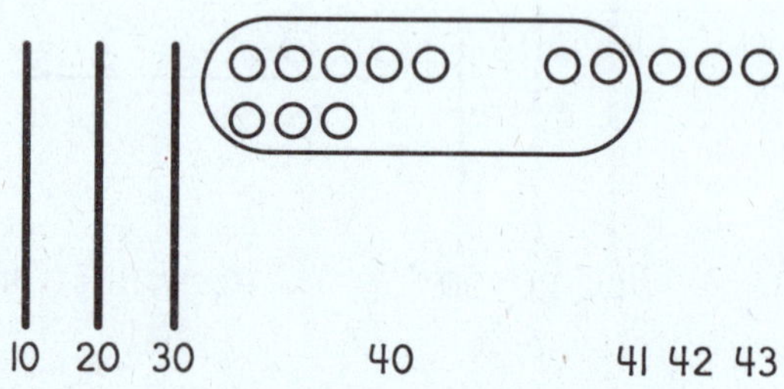

Su niño está comenzando a mostrar los números de 11 a 19 con palitos de decenas y círculos. Pronto, podrá dibujar palitos de decenas y círculos para cualquier número de 2 dígitos.

En esta unidad los niños también usarán monedas que les servirán para comprender el valor posicional, hallar los valores equivalentes entre monedas y resolver problemas de monedas. Al completar su tarea, pueden usar monedas reales o de juego para ayudarlos.

Atentamente,
El maestro de su niño

Nombre ______________________________

Escribe el número del 11 al 19 para cada representación.

1 | ○○○○○ ☐

2 | ○○○ ☐

3 | ○○○○○ ○○○ ☐

4 | ○○ ☐

5 | ○○○○○ ○○○○ ☐

6 | ○○○○ ☐

Dibuja un palito para 10 y círculos para las unidades para representar el número del 11 al 19.

7 Ben compra un paquete de 10 borradores. Ya tenía 2 borradores. ¿Cuántos borradores tiene Ben ahora?

8 Olivia tiene 16 botellas de agua. Una caja puede contener 10 botellas. Dibuja un palito y círculos para mostrar cuántas cajas puede llenar y cuántas botellas sobrarán.

Escribe el número. Compara los números. Usa =, < o >.

9
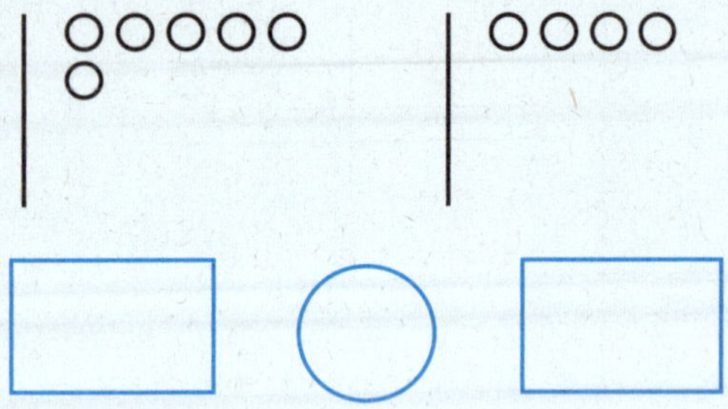

10
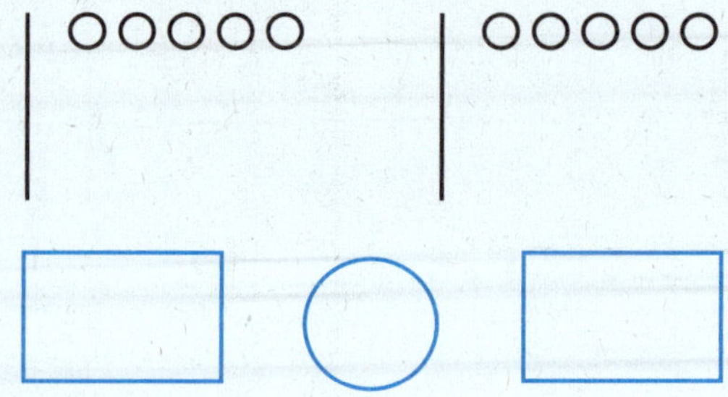

11
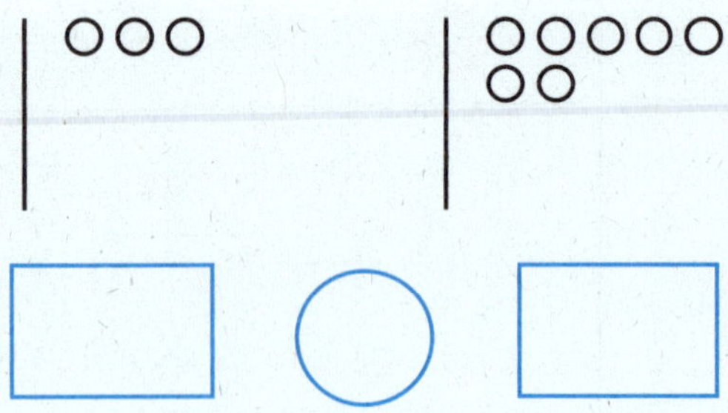

12
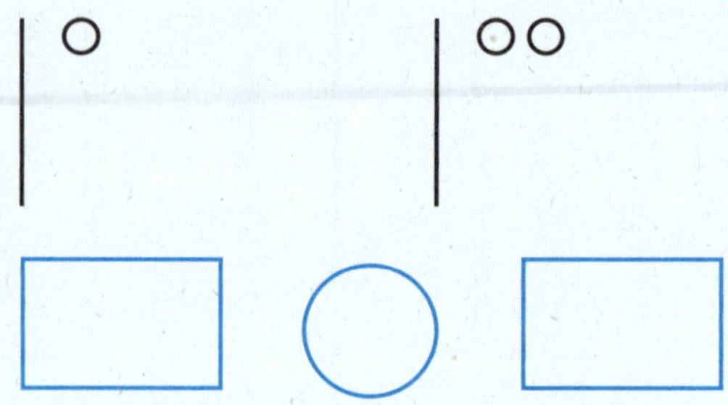

13
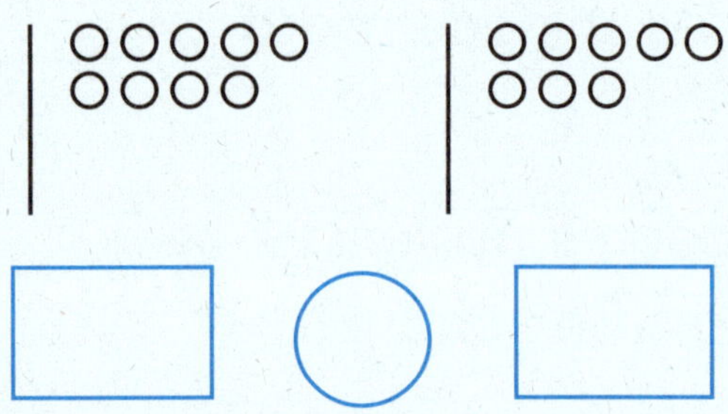

14

15 Compara los números 16 y 12 de dos maneras diferentes. Haz un dibujo para explicar.

Comprobar la comprensión

Dibuja para explicar por qué 15 es mayor que 11.

Nombre ______________________________

1 Observa lo que escribió el Pingüino Confundido.

7 + 8 = 10 + [3]

7 + 8 = [13]

2 Ayuda al Pingüino Confundido.

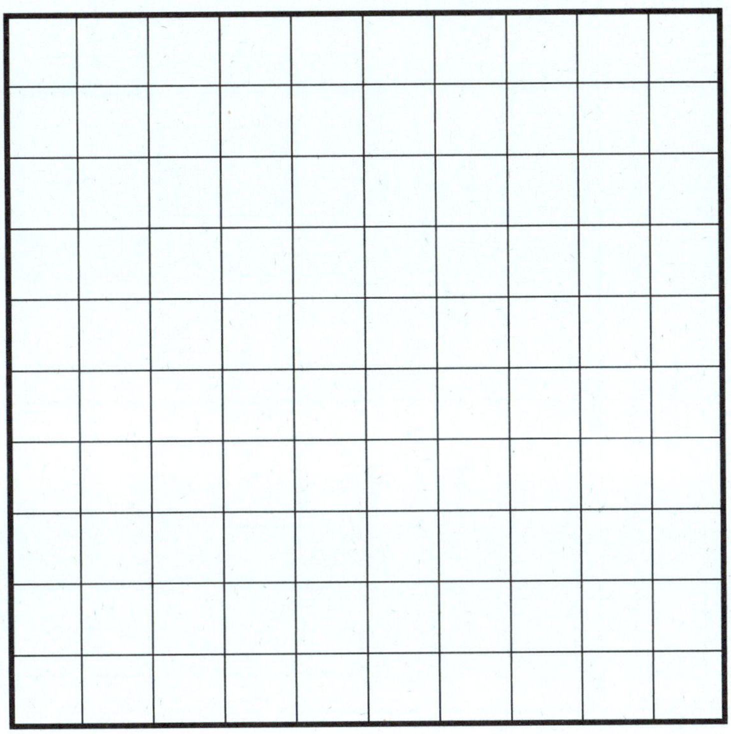

7 + 8 = 10 + [ ]

7 + 8 = [ ]

Halla el total. Luego, forma una decena.

3. $7 + 4 = \square$

$10 + \square = \square$

4. $8 + 8 = \square$

$10 + \square = \square$

5. $8 + 4 = \square$

$10 + \square = \square$

6. $9 + 6 = \square$

$10 + \square = \square$

7. $8 + 6 = \square$

$10 + \square = \square$

8. $5 + 7 = \square$

$10 + \square = \square$

9. $5 + 8 = \square$

$10 + \square = \square$

10. $2 + 9 = \square$

$10 + \square = \square$

11. Escribe dos ecuaciones que muestren diferentes partes para 13. Usa 10 en una de las ecuaciones.

____

____

Comprobar la comprensión

¿Cómo te puede ayudar $10 + 4$ a resolver $9 + 5$?

$5 + 7 = \square$	$6 + 7 = \square$	$9 + 9 = \square$
$8 + 7 = \square$	$9 + 7 = \square$	$3 + 8 = \square$
$4 + 8 = \square$	$5 + 8 = \square$	$6 + 8 = \square$
$7 + 8 = \square$	$8 + 8 = \square$	$9 + 8 = \square$
$3 + 9 = \square$	$4 + 9 = \square$	$5 + 9 = \square$

$9+9=18$ 9 + 1 + 8	$6+7=13$ 7 + 3 + 3	$5+7=12$ 7 + 3 + 2
$3+8=11$ 8 + 2 + 1	$9+7=16$ 9 + 1 + 6	$8+7=15$ 8 + 2 + 5
$6+8=14$ 8 + 2 + 4	$5+8=13$ 8 + 2 + 3	$4+8=12$ 8 + 2 + 2
$9+8=17$ 9 + 1 + 7	$8+8=16$ 8 + 2 + 6	$7+8=15$ 8 + 2 + 5
$5+9=14$ 9 + 1 + 4	$4+9=13$ 9 + 1 + 3	$3+9=12$ 9 + 1 + 2

6 + 9 = ☐	7 + 9 = ☐	7 + 4 = ☐
8 + 4 = ☐	9 + 4 = ☐	6 + 5 = ☐
7 + 5 = ☐	8 + 5 = ☐	9 + 5 = ☐
5 + 6 = ☐	8 + 9 = ☐	7 + 6 = ☐
8 + 6 = ☐	9 + 6 = ☐	4 + 7 = ☐

7 + 4 = 11 7 ••• • 7 + 3 + 1	7 + 9 = 16 9 • •••••• 9 + 1 + 6	6 + 9 = 15 9 • ••••• 9 + 1 + 5
6 + 5 = 11 6 •••• • 6 + 4 + 1	9 + 4 = 13 9 • ••• 9 + 1 + 3	8 + 4 = 12 8 •• •• 8 + 2 + 2
9 + 5 = 14 9 • •••• 9 + 1 + 4	8 + 5 = 13 8 •• ••• 8 + 2 + 3	7 + 5 = 12 7 ••• •• 7 + 3 + 2
7 + 6 = 13 7 ••• ••• 7 + 3 + 3	8 + 9 = 17 9 • ••••••• 9 + 1 + 7	5 + 6 = 11 6 •••• • 6 + 4 + 1
4 + 7 = 11 7 ••• • 7 + 3 + 1	9 + 6 = 15 9 • ••••• 9 + 1 + 5	8 + 6 = 14 8 •• •••• 8 + 2 + 4

Nombre ______________________________

Halla el total que se encuentra entre los números del 11 al 19.

1. $5 + 9 =$
2. $7 + 5 =$
3. $7 + 4 =$
4. $9 + 6 =$
5. $9 + 8 =$
6. $9 + 9 =$
7. $3 + 9 =$
8. $7 + 8 =$
9. $9 + 4 =$
10. $6 + 5 =$
11. $8 + 8 =$
12. $8 + 4 =$
13. $7 + 6 =$
14. $9 + 7 =$
15. Escribe una ecuación cuyo resultado se encuentre entre los números del 11 al 19. Dibuja o explica cómo formar una decena te puede ayudar a resolver la ecuación.

Halla el total.

16 $10 + 9 =$ ☐	17 $9 + 10 =$ ☐
18 $6 + 4 =$ ☐	19 $10 + 3 =$ ☐
20 $10 + 8 =$ ☐	21 $3 + 10 =$ ☐
22 $1 + 9 =$ ☐	23 $10 + 10 =$ ☐

24 Dibuja o escribe para explicar cómo resolviste el Ejercicio 23.

Comprobar la comprensión

Explica cómo usas la Estrategia de formar decenas para resolver $8 + 6$?

Nombre ______________________________

VOCABULARIO
dobles más 1
dobles menos 1
dobles más 2
dobles menos 2

Usa dobles para hallar el total.

1. $5 + 5 = \square$
2. $6 + 6 = \square$
3. $7 + 7 = \square$
4. $8 + 8 = \square$
5. $9 + 9 = \square$
6. $10 + 10 = \square$

Usa **dobles más 1** o **dobles menos 1** para hallar el total.

7. $4 + 4 = 8$
   $4 + 5 = 8 + \_\_\_\_ = \_\_\_\_$
8. $8 + 8 = 16$
   $8 + 7 = 16 - \_\_\_\_ = \_\_\_\_$
9. $5 + 6 = \square$
10. $9 + 8 = \square$
11. $6 + 7 = \square$

Usa **dobles más 2** o **dobles menos 2** para hallar el total.

12. $4 + 4 = 8$
    $4 + 6 = 8 + \_\_\_\_ = \_\_\_\_$
13. $8 + 8 = 16$
    $8 + 6 = 16 - \_\_\_\_ = \_\_\_\_$
14. $7 + 5 = \square$
15. $7 + 9 = \square$
16. $6 + 8 = \square$

Usa dobles para hallar el total.

17. $\begin{array}{r} 8 \\ +\ 7 \\ \hline \end{array}$

18. $\begin{array}{r} 10 \\ +\ 8 \\ \hline \end{array}$

19. $\begin{array}{r} 5 \\ +\ 7 \\ \hline \end{array}$

20. $\begin{array}{r} 6 \\ +\ 5 \\ \hline \end{array}$

21. $\begin{array}{r} 8 \\ +\ 9 \\ \hline \end{array}$

22. $\begin{array}{r} 7 \\ +\ 8 \\ \hline \end{array}$

23. $\begin{array}{r} 7 \\ +\ 5 \\ \hline \end{array}$

24. $\begin{array}{r} 7 \\ +\ 6 \\ \hline \end{array}$

25. Escribe el doble que usaste para resolver el Ejercicio 23.

____

Camino al conocimiento Resta.

1. $\begin{array}{r} 6 \\ -\ 5 \\ \hline \end{array}$

2. $\begin{array}{r} 9 \\ -\ 2 \\ \hline \end{array}$

3. $\begin{array}{r} 7 \\ -\ 3 \\ \hline \end{array}$

4. $\begin{array}{r} 8 \\ -\ 2 \\ \hline \end{array}$

5. $\begin{array}{r} 10 \\ -\ 1 \\ \hline \end{array}$

6. $\begin{array}{r} 9 \\ -\ 4 \\ \hline \end{array}$

7. $\begin{array}{r} 8 \\ -\ 5 \\ \hline \end{array}$

8. $\begin{array}{r} 10 \\ -\ 8 \\ \hline \end{array}$

Comprobar la comprensión

Escribe una ecuación de dobles más 1 para 6 + 6.

____

Prueba rápida 1 de la Unidad 4

Nombre ______________________ Fecha __________

Halla el total. Luego, forma una decena.

1. $7 + 5 = \square$

$10 + \square = \square$

---

2. $2 + 9 = \square$

$10 + \square = \square$

Usa dobles o dobles más 1 para hallar el total.

3. $6 + 6 = \square$

---

4. $9 + 8 = \square$

---

5. $8 + 7 = \square$

Comprobar el conocimiento 9

Nombre ______________________ Fecha ______________

Camino al conocimiento

Resta.

1. $\begin{array}{r} 6 \\ -\ 2 \\ \hline \end{array}$

2. $\begin{array}{r} 8 \\ -\ 1 \\ \hline \end{array}$

3. $\begin{array}{r} 7 \\ -\ 0 \\ \hline \end{array}$

4. $\begin{array}{r} 8 \\ -\ 4 \\ \hline \end{array}$

5. $\begin{array}{r} 7 \\ -\ 3 \\ \hline \end{array}$

6. $\begin{array}{r} 6 \\ -\ 3 \\ \hline \end{array}$

7. $\begin{array}{r} 9 \\ -\ 4 \\ \hline \end{array}$

8. $\begin{array}{r} 6 \\ -\ 5 \\ \hline \end{array}$

9. $\begin{array}{r} 7 \\ -\ 2 \\ \hline \end{array}$

10. $\begin{array}{r} 10 \\ -\ 5 \\ \hline \end{array}$

11. $\begin{array}{r} 9 \\ -\ 6 \\ \hline \end{array}$

12. $\begin{array}{r} 10 \\ -\ 2 \\ \hline \end{array}$

13. $\begin{array}{r} 9 \\ -\ 7 \\ \hline \end{array}$

14. $\begin{array}{r} 10 \\ -\ 9 \\ \hline \end{array}$

15. $\begin{array}{r} 8 \\ -\ 5 \\ \hline \end{array}$

Nombre ______________________________

Escribe el número.

1 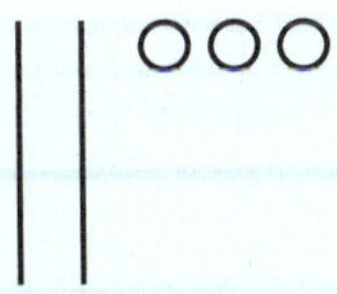

2 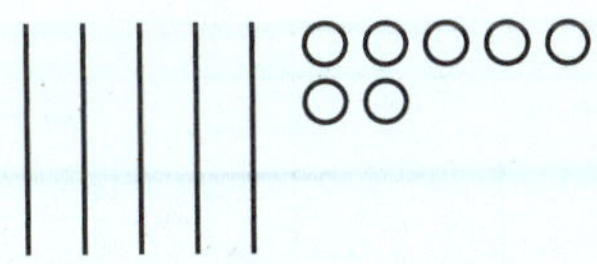

3 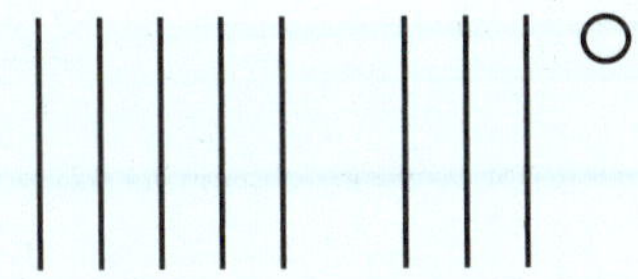

4 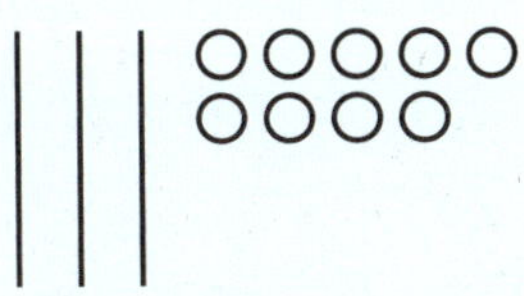

5 

6 

7 

8 

9 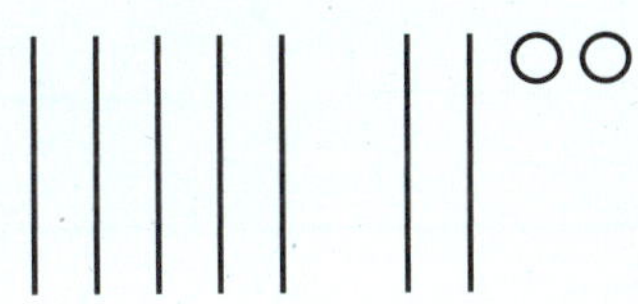

10 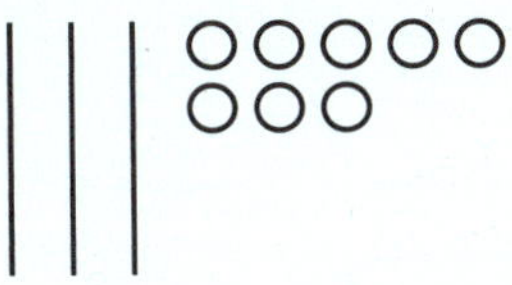

11 

12 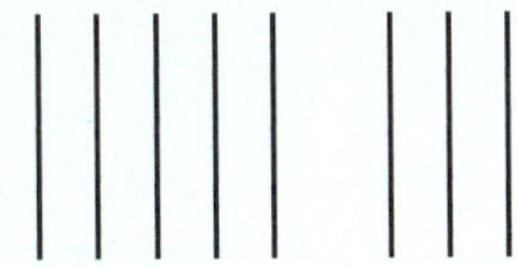

Dibuja palitos de 10 y círculos. Escribe la ecuación.

13 32

☐ + ☐ = ☐

14 68

☐ + ☐ = ☐

15 93

☐ + ☐ = ☐

16 77

☐ + ☐ = ☐

Dibuja palitos de 10 y círculos. Escribe el número.

17 4 decenas 8 unidades

☐

18 8 decenas 3 unidades

☐

Comprobar la comprensión

Dibuja palitos de 10 y círculos para representar 63.
Escribe el número de decenas y unidades.

Nombre ______________________

VOCABULARIO
número en palabras

1 uno	11 once		10 diez
2 dos	12 doce		20 veinte
3 tres	13 trece		30 treinta
4 cuatro	14 catorce		40 cuarenta
5 cinco	15 quince		50 cincuenta
6 seis	16 dieciséis		60 sesenta
7 siete	17 diecisiete		70 setenta
8 ocho	18 dieciocho		80 ochenta
9 nueve	19 diecinueve		90 noventa
10 diez	20 veinte		

Escribe el número.

1. cinco ______ quince ______ cincuenta ______
2. tres ______ trece ______ treinta ______
3. dos ______ doce ______ veinte ______
4. sesenta ______ dieciséis ______ seis ______
5. dieciocho ______ ochenta ______ ocho ______

Escribe el **número en palabras**.

6. 4 __________ 14 __________ 40 __________
7. 9 __________ 19 __________ 90 __________
8. 2 __________ 12 __________ 20 __________
9. 1 __________ 10 __________ 11 __________

1 uno	11 once
2 dos	12 doce
3 tres	13 trece
4 cuatro	14 catorce
5 cinco	15 quince
6 seis	16 dieciséis
7 siete	17 diecisiete
8 ocho	18 dieciocho
9 nueve	19 diecinueve
10 diez	20 veinte

10 diez
20 veinte
30 treinta
40 cuarenta
50 cincuenta
60 sesenta
70 setenta
80 ochenta
90 noventa

Escribe el número en palabras.

10 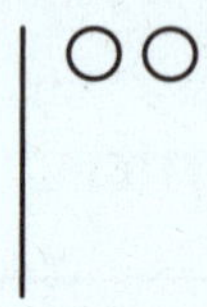 ______

11 ______

12 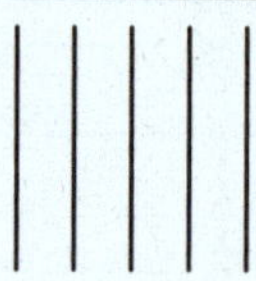 ______

13  ______

14 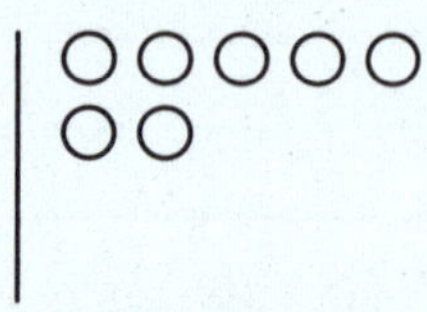 ______

15 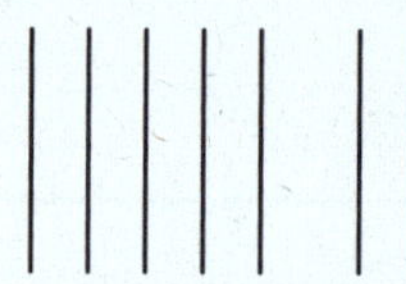 ______

16 Escribe los números del 1 al 20.

1									
									20

17 Escribe los números por década del 10 al 90.

10	20							

Nombre ______________________________

VOCABULARIO
moneda de 10¢

Observa las **monedas de 10¢** y las monedas de 1¢.

Encierra en un círculo 46 centavos.

18

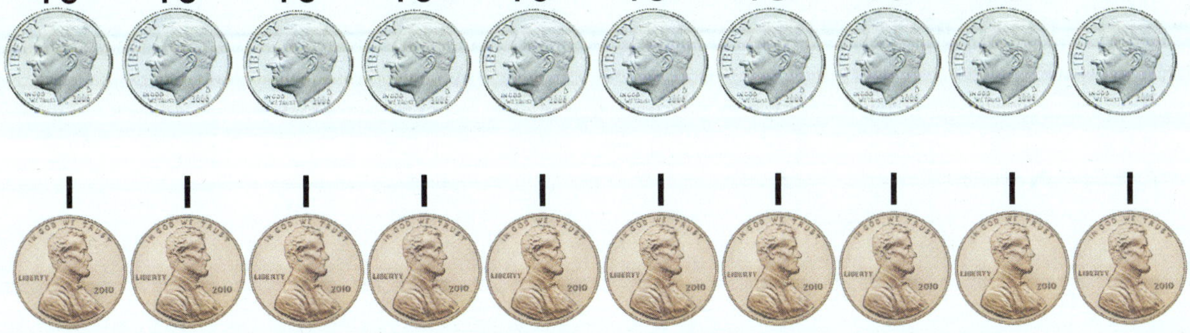

Encierra en un círculo 83 centavos.

19

¿Cuántos centavos hay?

20

10 10 10 10 10 10 10 1

☐ ¢

21

☐ ¢

22

☐ ¢

Dibuja monedas de 10¢ y monedas de 1¢ para resolver la ecuación.

23 Lucas tiene 7¢ en su bolsillo y 6¢ en su mano. ¿Cuánto dinero tiene Lucas?

7¢ + 6¢ = ☐ ¢

---

24 Alma tiene 8¢ en su banco. Su mamá le da 8¢. ¿Cuánto dinero tiene Alma?

8¢ + 8¢ = ☐ ¢

---

25 Fiona halla 9¢ en su abrigo y 6¢ en su escritorio. ¿Cuánto dinero tiene Fiona?

9¢ + 6¢ = ☐ ¢

Comprobar la comprensión

Explica en qué se parecen y en qué se diferencian los números 2, 12 y 20.

Nombre ____________________

Dibuja palitos de 10 y círculos.
Escribe el total.

1. ☐ = 50 + 3

2. ☐ = 70 + 6

3. ☐ = 20 + 9

4. ☐ = 40 + 2

5. ☐ = 30 + 7

6. ☐ = 10 + 8

7. ☐ = 90 + 1

8. ☐ = 50 + 5

Dibuja palitos de 10 y círculos para sumar.
Escribe el total.

9. $24 + 3 =$ ☐

10. $27 + 6 =$ ☐

11. $41 + 5 =$ ☐

12. $79 + 5 =$ ☐

13. $67 + 2 =$ ☐

14. $54 + 4 =$ ☐

15. $65 + 6 =$ ☐

16. $33 + 7 =$ ☐

Comprobar la comprensión

Explica cómo sumar 29 + 3.

Nombre ____________________

Cada caja tiene 10 panecillos. ¿Cuántos panecillos hay?

1

2

3

4

5

6 ¿En qué se parecen y en qué se diferencian 23 y 32?

Camino al conocimiento **Suma.**

1. 3 + 3 = ☐
2. 4 + 5 = ☐
3. 1 + 5 = ☐
4. 3 + 7 = ☐
5. 8 + 0 = ☐
6. 2 + 5 = ☐
7. ☐ = 5 + 2
8. ☐ = 7 + 1
9. ☐ = 5 + 5
10. ☐ = 1 + 6
11. ☐ = 7 + 3
12. ☐ = 5 + 3

Camino al conocimiento **Calcula el número desconocido.**

13. 2 + ☐ = 9
14. 6 + ☐ = 10
15. 4 + ☐ = 7
16. 8 + ☐ = 10
17. 3 + ☐ = 8
18. 1 + ☐ = 10
19. ☐ + 3 = 9
20. ☐ + 6 = 8
21. ☐ + 8 = 9
22. ☐ + 6 = 6
23. ☐ + 4 = 7
24. ☐ + 2 = 9

Comprobar la comprensión

Explica cómo usar decenas y unidades para calcular 43 + 6.

1	2	10	20
1	2	1 0	2 0
3	4	30	40
3	4	3 0	4 0
5	6	50	60
5	6	5 0	6 0
7	8	70	80
7	8	7 0	8 0
9	90	100	
9	9 0	1 0 0	

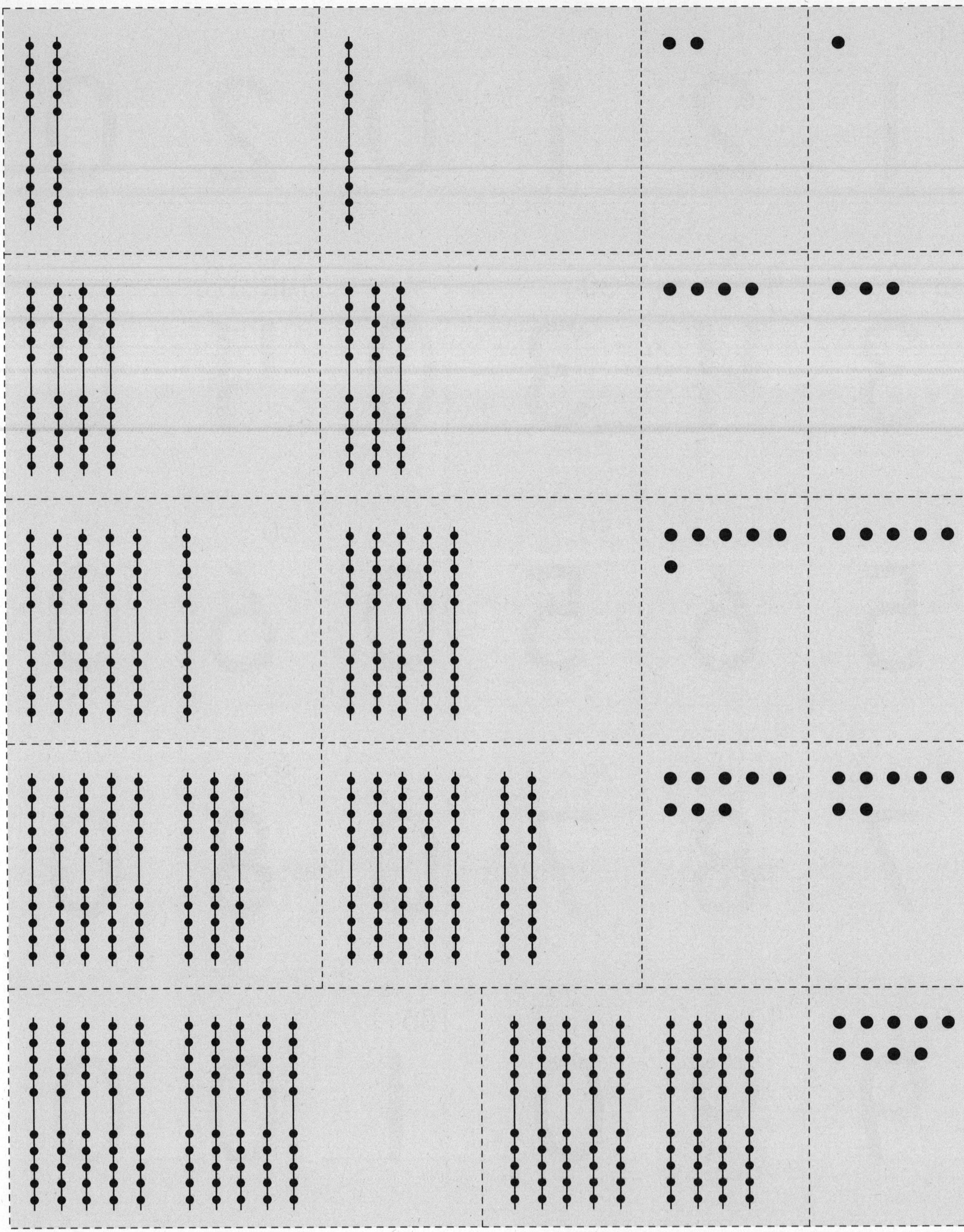

Nombre ______________________________

Escribe el número de decenas y unidades.
Escribe el número.

1 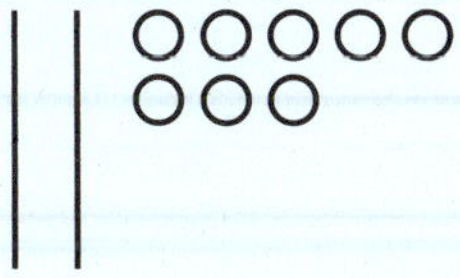

____ decenas ____ unidades

[ ]

2 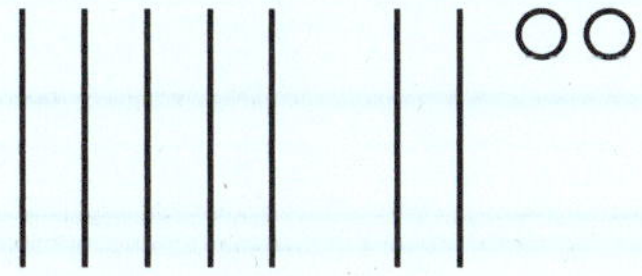

____ decenas ____ unidades

[ ]

3 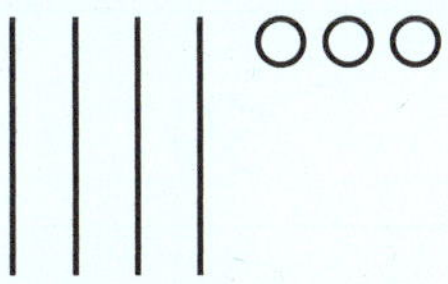

____ decenas ____ unidades

[ ]

4 

____ decenas ____ unidades

[ ]

5 

____ decenas ____ unidades

[ ]

6 

____ decenas ____ unidades

[ ]

7 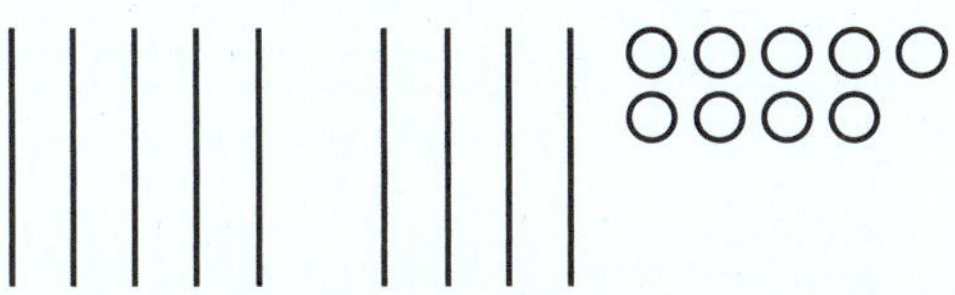

____ decenas ____ unidades

[ ]

8 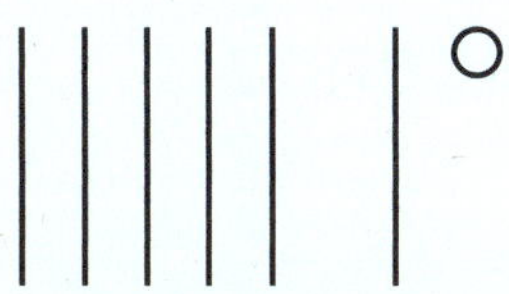

____ decenas ____ unidades

[ ]

Dibuja palitos de 10 y círculos.
Escribe la cantidad de decenas y unidades.

9 75

___ decenas ___ unidades

10 90

___ decenas ___ unidades

11 41

___ decenas ___ unidades

12 59

___ decenas ___ unidades

13 26

___ decenas ___ unidades

14 88

___ decenas ___ unidades

Comprobar la comprensión

Dibuja palitos de 10 y círculos para un número de 2 dígitos que tiene 7 decenas y otro número de 2 dígitos que tiene 7 unidades.

Nombre ______________________________

VOCABULARIO
comparar

Compara los números. Escribe >, < o =.

1

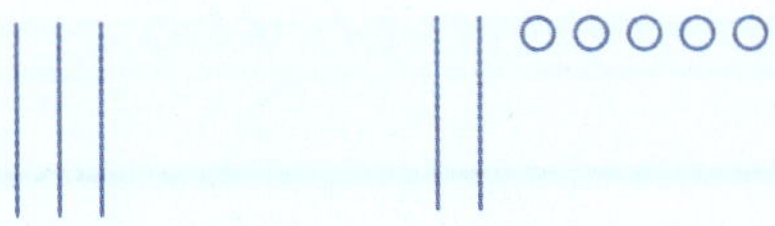

30 ◯ 25

2

23 ◯ 28

3 70 ◯ 80

4 60 ◯ 59

5 76 ◯ 67

6 24 ◯ 84

7 37 ◯ 37

8 48 ◯ 50

9 56 ◯ 56

10 17 ◯ 42

11 99 ◯ 33

Compara los números de dos maneras.
Escribe los números.

12 Compara 53 y 54.

_____ ◯ _____

_____ ◯ _____

13 Compara 80 y 79.

_____ ◯ _____

_____ ◯ _____

14 Compara 49 y 94.

_____ ◯ _____

_____ ◯ _____

15 Compara 36 y 32.

_____ ◯ _____

_____ ◯ _____

Compara los números.

16 Compara 39 y 40.

_____ ○ _____

17 Compara 86 y 68.

_____ ○ _____

18 Compara 95 y 91.

_____ ○ _____

19 Compara 72 y 72.

_____ ○ _____

20 Compara 20 y 10.

_____ ○ _____

21 Compara 60 y 16.

_____ ○ _____

22 Observa lo que escribió el Pingüino Confundido.

29 (>) 36

23 Ayuda al Pingüino Confundido.

29 ○ 36

Comprobar la comprensión

Compara 26 y 62. _____ ○ _____

Prueba rápida 2 de la Unidad 4

Nombre ______________________ Fecha __________

Escribe los números.

1 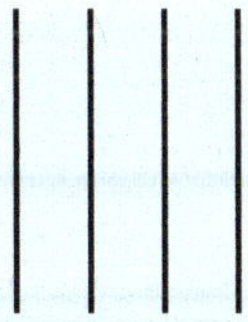

______ decenas ______ unidades = ______

2 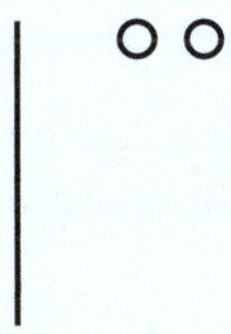

______ decenas ______ unidades = ______

Compara los números. Escribe >, < o =.

3 63 ◯ 73

4 42 ◯ 24

5 20 ◯ 20

Comprobar el conocimiento 10

Nombre ______________________ Fecha ______________

Camino al conocimiento

Calcula la parte o el total desconocido.

1. $3 + 3 = \square$
2. $2 + 4 = \square$
3. $5 + 3 = \square$
4. $3 + 4 = \square$
5. $8 + 1 = \square$
6. $2 + 5 = \square$
7. $4 + \square = 6$
8. $7 + \square = 9$
9. $1 + \square = 7$
10. $4 + \square = 8$
11. $8 + \square = 10$
12. $3 + \square = 10$
13. $\square + 3 = 9$
14. $\square + 5 = 8$
15. $\square + 4 = 10$

Nombre ______________________________

Escribe los totales.

1. $4 + 4 =$ ☐

   $40 + 40 =$ ☐

2. $6 + 3 =$ ☐

   $60 + 30 =$ ☐

3. $2 + 3 =$ ☐

   $20 + 30 =$ ☐

4. $1 + 7 =$ ☐

   $10 + 70 =$ ☐

5. $5 + 2 =$ ☐

   $50 + 20 =$ ☐

6. $3 + 3 =$ ☐

   $30 + 30 =$ ☐

7. $7 + 2 =$ ☐

   $70 + 20 =$ ☐

8. $2 + 2 =$ ☐

   $20 + 20 =$ ☐

9. Usa palitos de 10 y círculos para resolver.

   $4 + 5 =$ ☐ $40 + 50 =$ ☐

   Explica en qué se diferencian los resultados.

   ____

   ____

Completa la ecuación.
Dibuja un palito de 10 o un círculo para hallar el total.

10 14

____ + 1 = ____

11 16

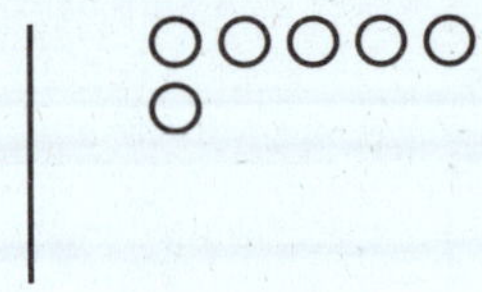

____ + 10 = ____

12 13

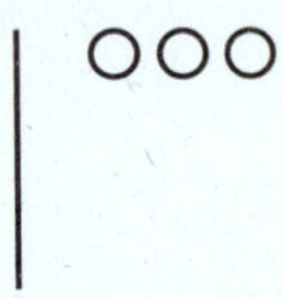

____ + 1 = ____

13 23

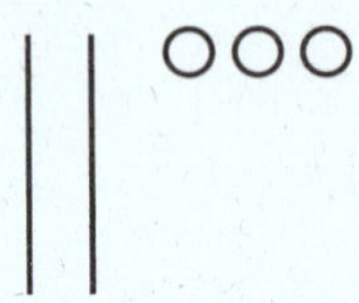

____ + 1 = ____

14 39

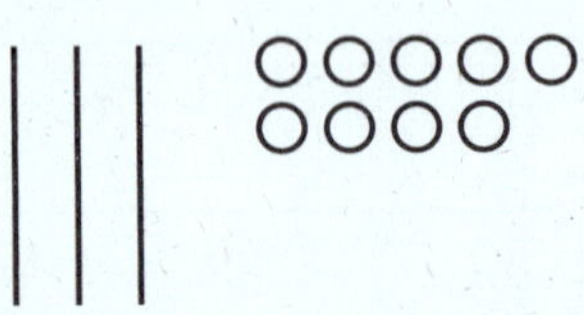

____ + 10 = ____

15 42

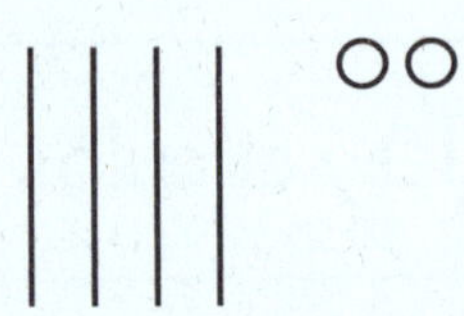

____ + 10 = ____

16 57

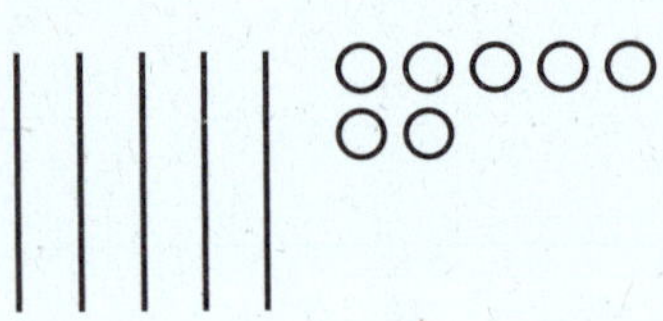

____ + 1 = ____

Comprobar la comprensión
Explica si el total de 58 + 10 será 59 o 68.

Nombre ______________________________

Resuelve.

1. $3 + 6 =$ ______
   $30 + 60 =$ ______
   $30 + 6 =$ ______

2. $4 + 5 =$ ______
   $40 + 50 =$ ______
   $40 + 5 =$ ______

3. $2 + 4 =$ ______
   $20 + 40 =$ ______
   $20 + 4 =$ ______

4. $5 + 2 =$ ______
   $50 + 20 =$ ______
   $50 + 2 =$ ______

5. $7 + 2 =$ ______
   $70 + 20 =$ ______
   $70 + 2 =$ ______

6. $4 + 1 =$ ______
   $40 + 10 =$ ______
   $40 + 1 =$ ______

7. $3 + 2 =$ ______
   $30 + 20 =$ ______
   $30 + 2 =$ ______

8. $1 + 8 =$ ______
   $10 + 80 =$ ______
   $10 + 8 =$ ______

Completa el conjunto de ecuaciones para seguir las mismas reglas de cada conjunto anterior. Luego, resuelve.

9. $3 + 5 =$ ______
   $30 +$ ______ $=$ ______
   $30 +$ ______ $=$ ______

10. $4 + 3 =$ ______
    $40 +$ ______ $=$ ______
    $40 +$ ______ $=$ ______

Halla los números desconocidos para completar el conjunto de ecuaciones.

11 2 + ______ = 5 20 + 30 = ______ 20 + ______ = 23	**12** 4 + ______ = 8 ______ + 40 = 80 40 + 4 = ______
13 ______ + 2 = 6 40 + ______ = 60 ______ + 2 = 42	**14** ______ + 7 = 8 10 + ______ = 80 10 + 7 = ______

15 Observa lo que escribió el Pingüino Confundido.

50 + 4 = 90

16 Ayuda al Pingüino Confundido.

50 + 4 = ☐

Comprobar la comprensión

Escribe decenas, unidades o ambas para sumar los números.

40 + 30 sumar ______ 40 + 3 sumar ______

Nombre ____________________

Este es un acertijo.

Nos gusta saltar.
Nuestras orejas son pequeñas.
Tenemos cuatro patas pero nos
paramos con muchas señas.
Tenemos una bolsa y no
vamos de compras.
Adivina quiénes somos.
¿Cómo nos nombras?

Halla el total. Usa cualquier método.

1. 46 + 5 = ☐ S
2. 40 + 2 = ☐ O
3. 12 + 7 = ☐ C
4. 29 + 5 = ☐ R
5. 64 + 6 = ☐ A
6. 20 + 9 = ☐ U
7. 27 + 5 = ☐ G
8. 89 + 2 = ☐ N

¿Quiénes somos? Escribe la letra para cada total.

___	___	___	___	___	___	___	___
19	70	91	32	29	34	42	51

Camino al conocimiento Suma.

1. 4 + 5 = ☐
2. 0 + 7 = ☐
3. 7 + 3 = ☐
4. 1 + 6 = ☐
5. 6 + 2 = ☐
6. 4 + 2 = ☐
7. ☐ = 7 + 1
8. ☐ = 3 + 6
9. ☐ = 7 + 2
10. ☐ = 6 + 4
11. ☐ = 2 + 4
12. ☐ = 4 + 3

Camino al conocimiento Calcula el número desconocido.

13. 1 + ☐ = 8
14. 3 + ☐ = 7
15. 5 + ☐ = 8
16. 8 + ☐ = 10
17. 4 + ☐ = 8
18. 9 + ☐ = 9
19. ☐ + 1 = 6
20. ☐ + 4 = 9
21. ☐ + 7 = 10
22. ☐ + 8 = 9
23. ☐ + 5 = 8
24. ☐ + 8 = 10

Comprobar la comprensión

Explica cómo contar hacia adelante para calcular 28 + 3.

Nombre ________________________________

Usa esta hoja de sándwiches cuando juegues el Juego del sándwich.

1

2

3

4

5

6

7

8

9

10

Halla el total. Usa cualquier método.

11 $29 + 3 = \square$

12 $11 + 8 = \square$

13 $67 + 4 = \square$

14 $33 + 9 = \square$

15 $96 + 3 = \square$

16 $46 + 4 = \square$

17 $12 + 8 = \square$

18 $71 + 5 = \square$

Compara. Escribe >, < o =.

19 26 ◯ 62

20 80 ◯ 79

21 18 ◯ 38

22 65 ◯ 65

23 97 ◯ 94

24 45 ◯ 53

Comprobar la comprensión

Compara 61 y 57.

Escribe el número que sea mayor. ______

Nombre ______________________________

Escribe el número.

1

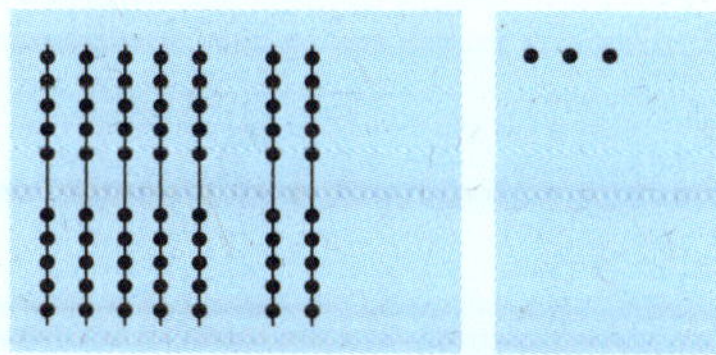

☐

2

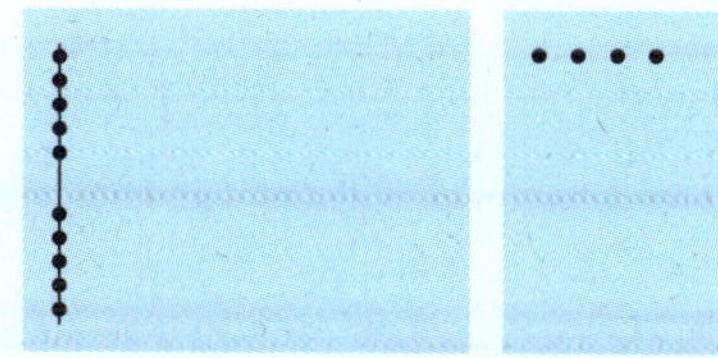

☐

3

☐

4

☐

Dibuja palitos de 10 y círculos para mostrar el número.

5

6

7

8

Dibuja palitos de 10 y círculos para contar hacia adelante.
Escribe el total.

9 Cuenta hacia adelante 4.

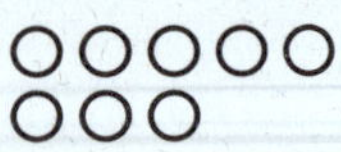

10 Cuenta hacia adelante 3.

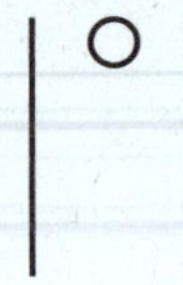

11 Cuenta hacia adelante 6.

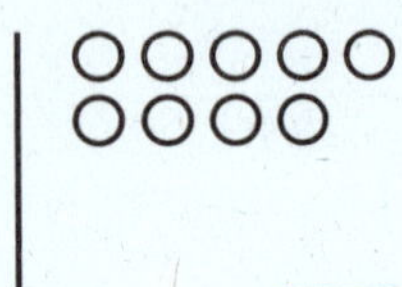

12 Cuenta hacia adelante 2.

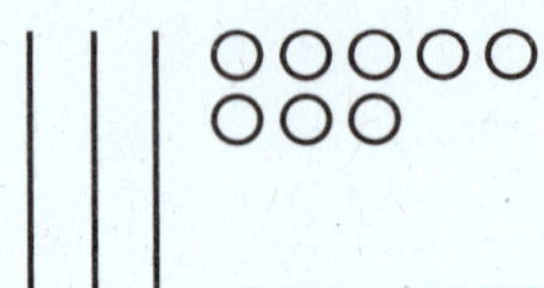

13 Cuenta hacia adelante 5.

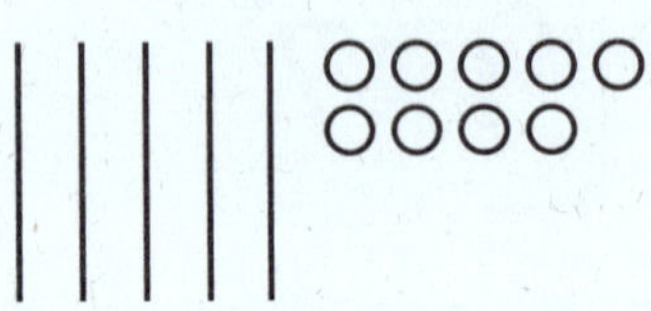

14 Cuenta hacia adelante 4.

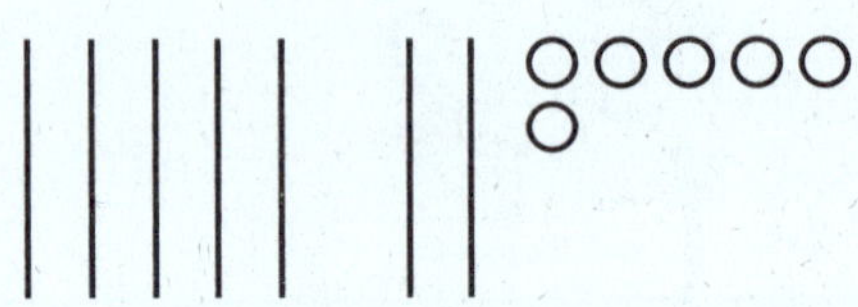

15 Cuenta hacia adelante 6.

16 Cuenta hacia adelante 4.

Comprobar la comprensión

Escribe el total para $38 + 4$.

Nombre ______________________

Linda y su familia van a un espectáculo.

1 En cada fila se pueden estacionar 10 carros.

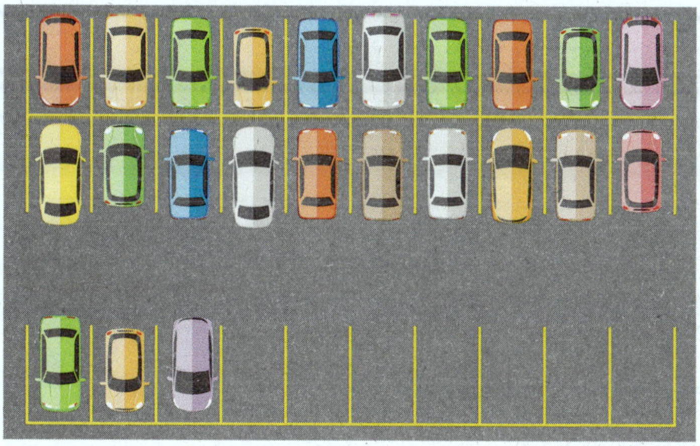

¿Cuántos carros hay?

_____ decenas _____ unidades = _____ carros

---

2 En cada fila se pueden sentar 10 personas.

¿Cuántas personas hay?

_____ decenas _____ unidades = _____ personas

Los boletos para el espectáculo se vendieron durante el viernes, sábado y domingo.

3 Escribe el número de boletos vendidos cada día.

Viernes	 ____ decenas ____ unidades = ____ boletos
Sábado	 ____ decenas ____ unidades = ____ boletos
Domingo	 ____ decenas ____ unidades = ____ boletos

Compara el número de boletos vendidos.
Usa >, < o =.

4 Viernes ☐ ◯ ☐ Sábado

5 Viernes ☐ ◯ ☐ Domingo

6 Sábado ☐ ◯ ☐ Domingo

7 Domingo ☐ ◯ ☐ Sábado

Prueba rápida 3 de la Unidad 4

Nombre ______________________ Fecha ____________

Suma.

1. $20 + 50 = \square$

2. $60 + 3 = \square$

Halla el total.

3. $44 + 3 = \square$

4. $72 + 9 = \square$

Resuelve el problema.

Muestra tu trabajo.

5. Cindy tiene 56 estampillas.
Compra 4 estampillas más.
¿Cuántas estampillas tiene ahora?

$\square$ ______________
rótulo

Comprobar el conocimiento 11

Nombre ______________________ Fecha ______________

Camino al conocimiento

Calcula la parte o el total desconocido.

1. $5 + 2 = \square$
2. $1 + 5 = \square$
3. $2 + 4 = \square$
4. $5 + 4 = \square$
5. $2 + 6 = \square$
6. $5 + 5 = \square$
7. $1 + \square = 7$
8. $4 + \square = 6$
9. $0 + \square = 8$
10. $6 + \square = 9$
11. $2 + \square = 8$
12. $9 + \square = 10$
13. $\square + 3 = 6$
14. $\square + 0 = 9$
15. $\square + 7 = 8$

Recorta por las líneas punteadas.

Nombre ______________________________

VOCABULARIO
moneda de 25¢

Empareja las monedas de 10¢, 5¢ y la **moneda de 25¢** a la misma cantidad en monedas de 1¢. Escribe las cantidades en centavos.

1.  •   • 5 monedas de 1¢ ☐ ¢

2.  •   • 25 monedas de 1¢ ☐ ¢

3.  •   • 10 monedas de 1¢ ☐ ¢

Dibuja monedas para mostrar 10¢.

4. Usa monedas de 1¢.

5. Usa monedas de 5¢.

6. Usa monedas de 10¢.

7. Usa monedas de 5¢ y monedas de 1¢.

Muestra el precio con palitos y círculos.
Luego, escribe cuantas monedas representa.

8 

Monedas de 10¢ ______ Monedas de 1¢ ______

---

9 

Monedas de 10¢ ______ Monedas de 1¢ ______

---

10 

Monedas de 10¢ ______ Monedas de 1¢ ______

Comprobar la comprensión.

Escribe cuántos centavos vale cada moneda.

 ______  ______  ______  ______

Nombre ____________________

Encierra en un círculo la moneda correcta.

1. Valgo lo mismo que dos monedas de 5¢. ¿Qué soy?

2. Necesitas 10 de mi para formar una moneda de 10¢. ¿Qué soy?

3. Valgo lo mismo que dos monedas de 10¢ y una moneda de 5¢. ¿Qué soy?

Resuelve los problemas.
Escribe las cantidades usando ¢.

Muestra tu trabajo. Usa dibujos, números o palabras.

4. Jana tiene 1 moneda de 10¢, 2 monedas de 5¢ y 3 monedas de 1¢. ¿Cuántos centavos tiene Jana?

____

5. Brooke tiene 2 monedas de 10¢, 3 monedas de 5¢ y 2 monedas de 1¢. ¿Cuántos centavos tiene Brooke?

____

Resuelve los problemas. Escribe las cantidades usando ¢.

Muestra tu trabajo. Usa dibujos, números o palabras.

6. José compró una manzana por 2 monedas de 10¢, 1 moneda de 5¢ y 2 monedas de 1¢. ¿Cuántos centavos pagó?

____

7. Lexi compró un lápiz por 3 monedas de 10¢, 1 moneda de 5¢ y 4 monedas de 1¢. ¿Cuántos centavos pagó?

____

8. Mia tiene 3 monedas de 10¢, 3 monedas de 5¢ y 3 monedas de 1¢ en su escritorio. ¿Cuántos centavos tiene?

____

9. Chaz tiene 5 monedas de 10¢, 4 monedas de 5¢ y 3 monedas de 1¢ en su bolsillo. ¿Cuántos centavos tiene?

____

Comprobar la comprensión

Ty tiene 2 monedas de 10¢ y 3 monedas de 1¢. ¿Cuántos centavos tiene Ty? ______________

Prueba rápida 4 de la Unidad 4

Nombre ____________________ Fecha __________

Para las preguntas 1 y 2, dibuja monedas para representar 25¢.

1. Usa monedas de 10¢ y monedas de 1¢.

2. Usa monedas de 5¢.

Resuelve los problemas.

3. Javed compra una banana con 2 monedas de 10¢, 1 moneda de 5¢ y 5 monedas de 1¢. ¿Cuántos centavos pagó?

____

4. Marita tiene 5 monedas de 1¢ y 2 monedas de 5¢. ¿Cuántos centavos tiene Marita?

____

5. Sam cambió 15 monedas de 1¢ por monedas de 5¢ y monedas de 10¢. ¿Qué monedas debe recibir de vuelta?

____

Comprobar el conocimiento 12

Nombre ____________________ Fecha ____________

Camino al conocimiento

Calcula la parte o el total desconocido.

1. $4 + 2 = \square$
2. $1 + 4 = \square$
3. $2 + 3 = \square$
4. $5 + 5 = \square$
5. $2 + 7 = \square$
6. $4 + 5 = \square$
7. $0 + \square = 6$
8. $3 + \square = 5$
9. $0 + \square = 9$
10. $5 + \square = 8$
11. $1 + \square = 7$
12. $8 + \square = 10$
13. $\square + 4 = 8$
14. $\square + 0 = 10$
15. $\square + 5 = 6$

Nombre ______________________ Fecha __________

1 ¿Se corresponde el número con la figura? Elige Sí o No.

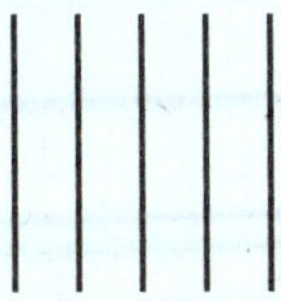

50 ○ Sí ○ No

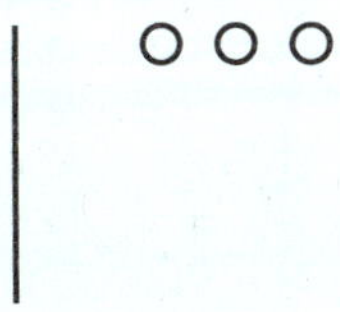

31 ○ Sí ○ No

Dibuja palitos de 10 y círculos.
Escribe el número de decenas y unidades.

2 32

☐ decenas

☐ unidades = 32

3 64

☐ decenas

☐ unidades = 64

Usa las palabras en las fichas para nombrar cada número.

setenta	siete	diecisiete

4 17 ______________________

5 70 ______________________

6 7 ______________________

Nombre ______________________ Fecha __________

7 Suma 1 decena.

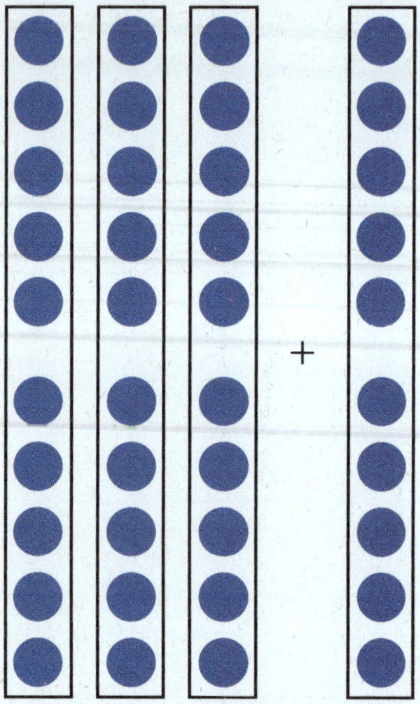

30 + 10 = ☐

8 ¿Cuántos clips hay?

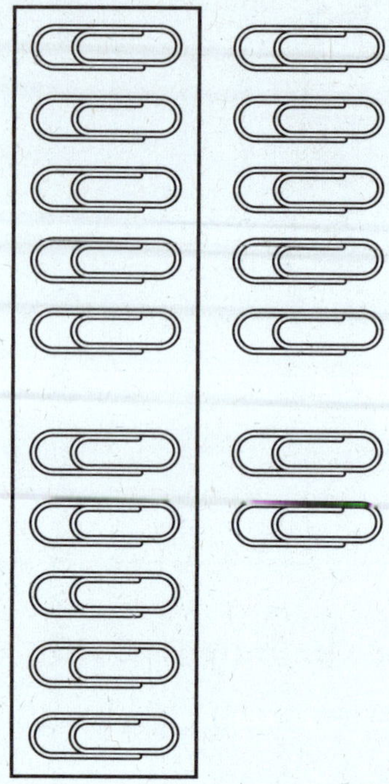

☐

9 Haz un dibujo para el problema.
Escribe una ecuación para resolverlo.

Hay 10 pájaros en un árbol.
Hay 7 pájaros en otro árbol.
¿Cuántos pájaros hay?

☐ ______________
rótulo

☐ + ☐ = ☐

Nombre ____________________ Fecha ____________

10 ¿Cuántos panecillos hay?

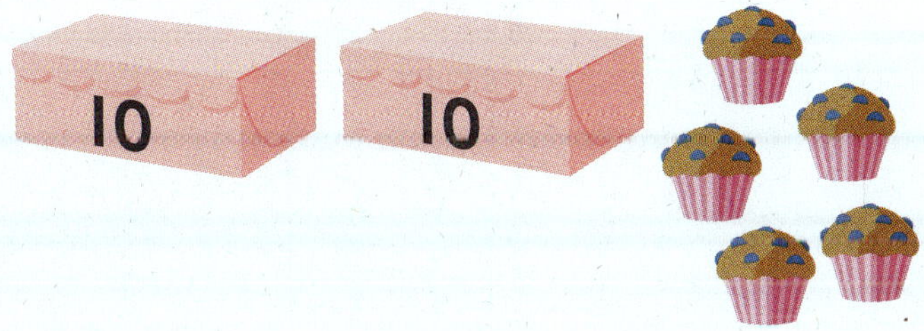

- ○ 22
- ○ 25
- ○ 42
- ○ 62

---

11 Muestra 47¢ con palitos y círculos. Luego, escribe cuántas hay de cada moneda.

Monedas de 10¢ ________ Monedas de 1¢ ________

Resuelve el problema.

12 Kimi tiene 8 manzanas rojas y 5 manzanas verdes. ¿Cuántas manzanas tiene?

manzana

☐ ____________________
rótulo

---

13 Shonda halla 2 monedas de 10¢, 3 monedas de 5¢ y 3 monedas de 1¢. ¿Cuántos centavos halló?

☐ ____________________
rótulo

Nombre ______________________ Fecha ______________

Encierra en un círculo >, < o = para comparar los números.

14 42 [> / < / =] 50

15 34 [> / < / =] 33

Calcula los números desconocidos para completar el conjunto de ecuaciones.

16 3 + ______ = 7
30 + 40 = ______
30 + ______ = 34

17 ______ + 7 = 9
20 + ______ = 90
20 + 7 = ______

18 Escribe un número de 10 a 40.
Suma 1 decena. Escribe el número nuevo.
Dibuja y escribe para comparar los números.

Tarea de rendimiento de la Unidad 4

Nombre ____________________

Hora de la merienda

Es la hora de la merienda en el campamento deportivo. Cada equipo recibe estas bebidas.

Agua	Leche	Jugo de naranja	Jugo de manzana
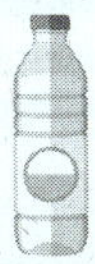 13 botellas	 11 cartones	 9 cajas	 7 cajas

1 ¿Cada equipo recibe más botellas de agua o más cartones de leche? ____________________

Dibuja o escribe para indicar cómo lo sabes.

2 Dibuja palitos de 10 y círculos para mostrar el número de botellas de agua.

3 Cada equipo tiene 20 niños. ¿Recibe un equipo suficientes cajas de jugo para todos? ____________________

Dibuja o escribe cómo lo sabes.

Nombre ______________________________

Hora de la merienda (continuación)

Usa la tabla de bebidas en la página 221 para el Problema 4.

4 **Parte A**

El equipo Rojo tiene 20 niños. Pueden elegir dos tipos de bebidas. Muestra cuántas pueden elegir de cada una.

Tipo de bebida	¿Cuántas hay?

Dibuja o escribe para indicar cómo sabes que hay 20 bebidas.

Parte B

El equipo Azul tiene 20 niños. Ninguno de los niños quiere leche. Muestra cómo pudieran elegir las otras bebidas. (Elige al menos una de cada tipo).

Tipo de bebida	¿Cuántas hay?

Dibuja o escribe para indicar cómo sabes que hay 20 bebidas.

Tipos de problemas de suma y resta

	Resultado desconocido	Cambio desconocido	Comienzo desconocido
Sumar a	Seis niños juegan corre que te toco en el patio. Llegan 3 niños más a jugar. ¿Cuántos niños juegan en el patio ahora? *Ecuación de la situación y de la solución*[1]*:* $6 + 3 = \square$	Seis niños juegan corre que te toco en el patio. Llegan otros niños más a jugar. Ahora hay 9 niños en el patio. ¿Cuántos niños llegaron a jugar? *Ecuación de la situación:* $6 + \square = 9$ *Ecuación de la solución:* $9 - 6 = \square$	Algunos niños juegan corre que te toco en el patio. Llegan 3 niños más a jugar. Ahora hay 9 niños en el patio. ¿Cuántos niños había en el patio al comienzo? *Ecuación de la situación:* $\square + 3 = 9$ *Ecuación de la solución:* $9 - 3 = \square$
Restar de	Jake tiene 10 tarjetas de intercambio. Le regala 3 a su hermano. ¿Cuántas tarjetas de intercambio le quedan a Jake? *Ecuación de la situación y de la solución:* $10 - 3 = \square$	Jake tiene 10 tarjetas de intercambio. Le regala algunas tarjetas a su hermano. Ahora, a Jake le quedan 7 tarjetas de intercambio. ¿Cuántas tarjetas de intercambio le regala Jake a su hermano? *Ecuación de la situación:* $10 - \square = 7$ *Ecuación de la solución:* $10 - 7 = \square$	Jake tiene algunas tarjetas de intercambio. Le regala 3 tarjetas a su hermano. Ahora, a Jake le quedan 7 tarjetas de intercambio. ¿Con cuántas tarjetas de intercambio comenzó Jake? *Ecuación de la situación:* $\square - 3 = 7$ *Ecuación de la solución:* $7 + 3 = \square$

[1] Una ecuación de la situación representa la estructura (la acción) en un problema. Una ecuación de la solución muestra la operación que se usó para calcular el resultado.

Tipos de problemas de suma y resta (continuación)

	Total desconocido	Sumando desconocido	Otro sumando desconocido
Juntar/ separar	Hay 9 rosas rojas y 4 rosas amarillas en un florero. ¿Cuántas rosas hay en el florero? *Dibujo matemático*[2]: 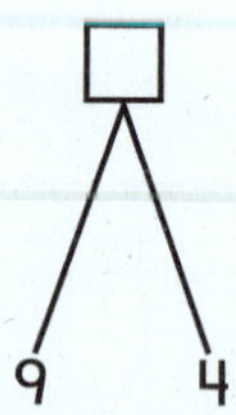 *Ecuación de la situación y de la solución:* 9 + 4 = □	Hay 13 rosas en un florero. 9 de las rosas son rojas y el resto son amarillas. ¿Cuántas rosas amarillas hay? *Dibujo matemático:* 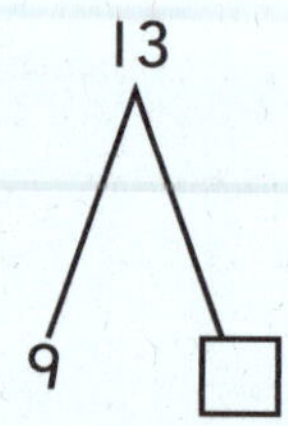 *Ecuación de la situación:* 13 = 9 + □ *Ecuación de la solución:* 13 − 9 = □	Hay trece rosas en el florero. Algunas son rojas y 4 son amarillas. ¿Cuántas son rojas? *Dibujo matemático:* 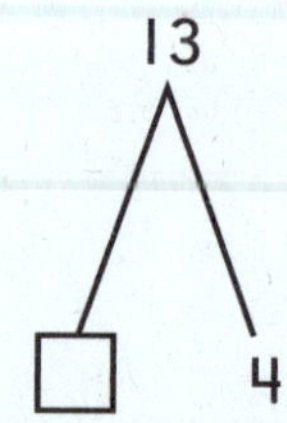 *Ecuación de la situación:* 13 = □ + 4 *Ecuación de la solución:* 13 − 4 = □
	Ambos sumandos desconocidos es una extensión productiva de esta situación básica, especialmente para números pequeños menores o iguales a 10. Estas situaciones de separación se pueden usar para mostrar todas las descomposiciones de un número dado. Las ecuaciones asociadas, que tienen el total a la izquierda del signo igual, ayudan a los estudiantes a entender que el signo = no siempre significa *forma* o *resulta en*, pero siempre significa que *es el mismo número que*.		**Ambos sumandos desconocidos** Ana tiene 13 rosas. ¿Cuántas puso en su florero rojo y cuántas puso en el florero azul? *Dibujo matemático:* 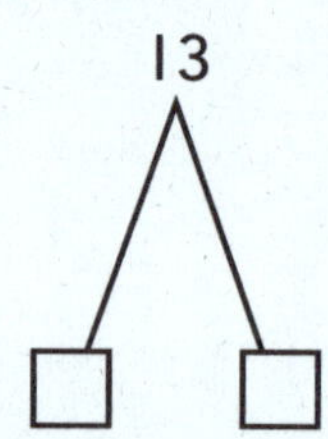 *Ecuación de la situación:* 13 = □ + □

[2]Estos dibujos matemáticos se conocen como Montañas matemáticas en los grados 1 al 3 y dibujos de separación en los grados 4 y 5.

Tipos de problemas de suma y resta (continuación)

	Diferencia desconocida	Desconocido más grande	Desconocido más pequeño
Comparar[3]	Aki tiene 8 manzanas. Sofía tiene 14 manzanas. ¿Cuántas manzanas más tiene Sofía que Aki? Aki tiene 8 manzanas. Sofía tiene 14 manzanas. ¿Cuántas manzanas menos tiene Aki que Sofía? *Dibujo matemático:* 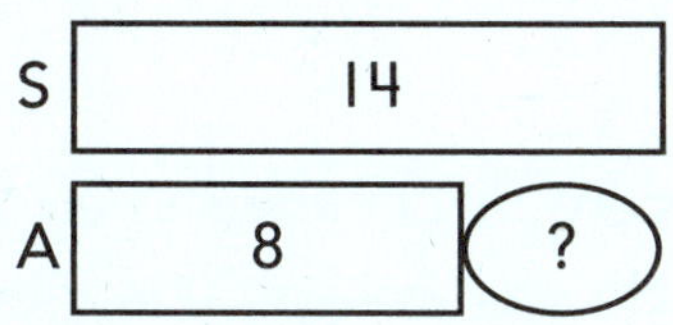 *Ecuación de la situación:* $8 + \square = 14$ *Ecuación de la solución:* $14 - 8 = \square$	**Lenguaje directo** Aki tiene 8 manzanas. Sofía tiene 6 manzanas más que Aki. ¿Cuántas manzanas tiene Sofía? **Lenguaje engañoso** Aki tiene 8 manzanas. Aki tiene 6 manzanas menos que Sofía. ¿Cuántas manzanas tiene Sofía? *Dibujo matemático:* 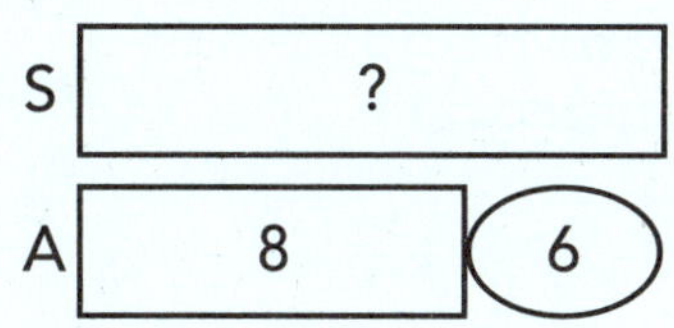 *Ecuación de la situación y de la solución:* $8 + 6 = \square$	**Lenguaje directo** Sofía tiene 14 manzanas. Aki tiene 6 manzanas menos que Sofía. ¿Cuántas manzanas tiene Aki? **Lenguaje engañoso** Sofía tiene 14 manzanas. Sofía tiene 6 manzanas más que Aki. ¿Cuántas manzanas tiene Aki? *Dibujo matemático:* 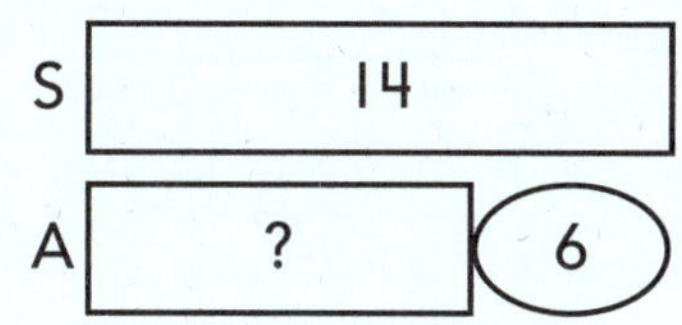 *Ecuación de la situación:* $\square + 6 = 14$ *Ecuación de la solución:* $14 - 6 = \square$

[3]Una oración comparativa siempre se puede formular de dos maneras: Una utiliza *más* y la otra utiliza *menos*. El lenguaje engañoso sugiere la operación equivocada. Por ejemplo, dice que Aki tiene 6 manzanas menos que Sofía, pero hay que sumar 6 a las 8 manzanas de Aki para obtener 14 manzanas.

A

arista

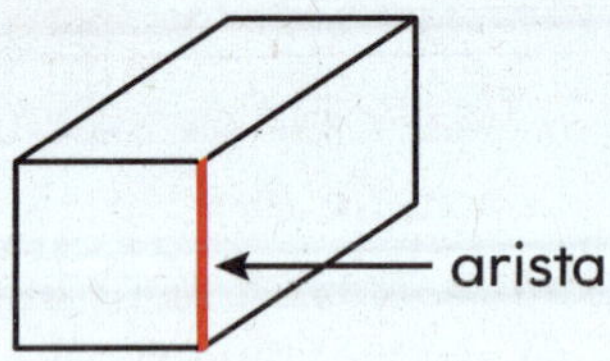

B

barras de comparación*

Joe tiene 6 rosas; Sasha tiene 9. ¿Cuántas rosas más que Joe tiene Sasha?

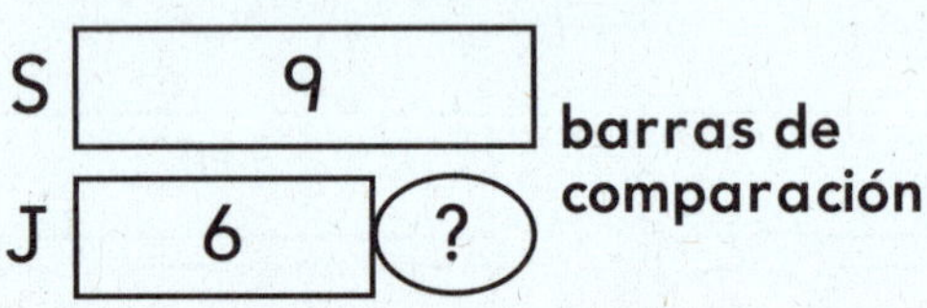

C

cambiar las partes*

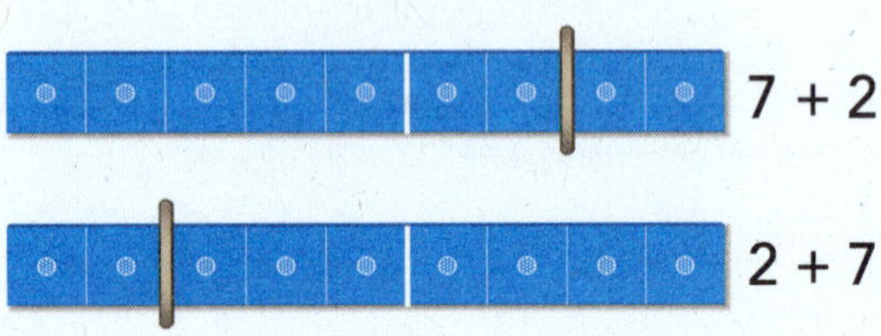

cara

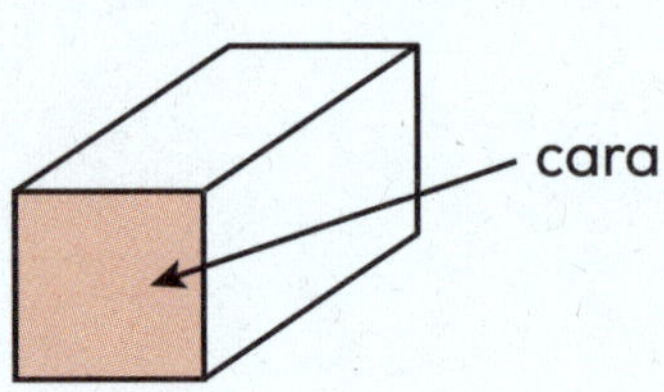

casa de partes*

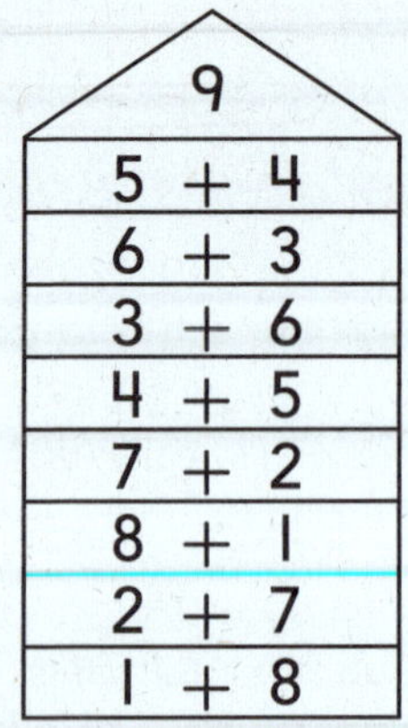

centavos (¢)

El número de centavos es el valor de una moneda o un conjunto de monedas.

7 centavos

centena

1	11	21	31	41	51	61	71	81	91
2	12	22	32	42	52	62	72	82	92
3	13	23	33	43	53	63	73	83	93
4	14	24	34	44	54	64	74	84	94
5	15	25	35	45	55	65	75	85	95
6	16	26	36	46	56	66	76	86	96
7	17	27	37	47	57	67	77	87	97
8	18	28	38	48	58	68	78	88	98
9	19	29	39	49	59	69	79	89	99
10	20	30	40	50	60	70	80	90	100

o

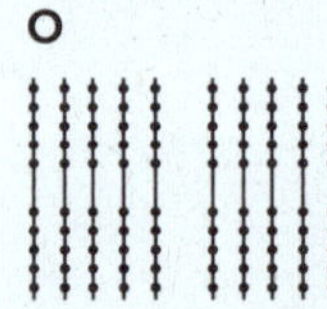

*Término basado en investigaciones escolares y desarrollado para *Expresiones en matemáticas*.

cero

Hay **cero** manzanas en el plato.

cilindro

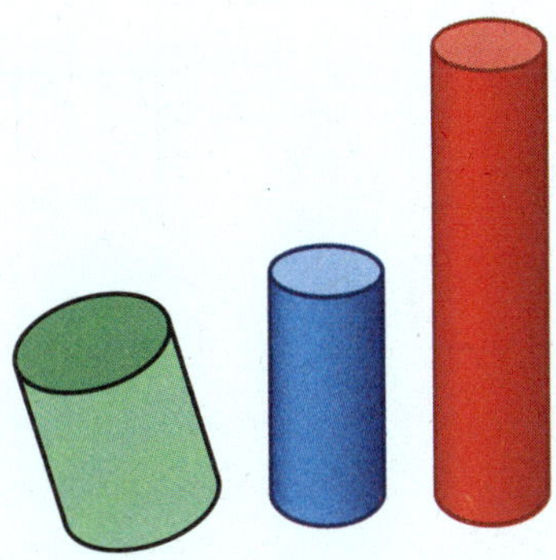

círculo

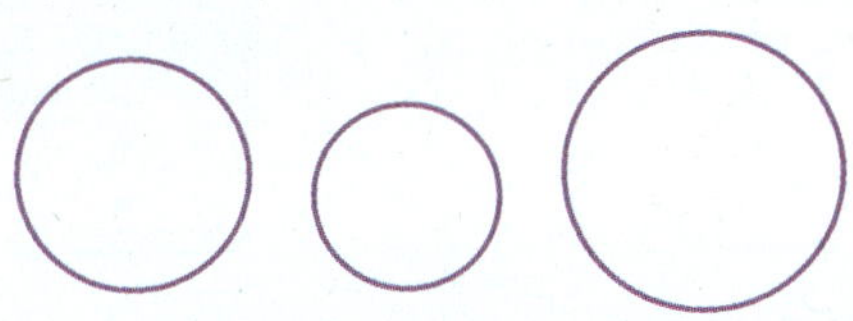

columna

1	11	21	31	41	51	61	71	81	91
2	12	22	32	42	52	62	72	82	92
3	13	23	33	43	53	63	73	83	93
4	14	24	34	44	54	64	74	84	94
5	15	25	35	45	55	65	75	85	95
6	16	26	36	46	56	66	76	86	96
7	17	27	37	47	57	67	77	87	97
8	18	28	38	48	58	68	78	88	98
9	19	29	39	49	59	69	79	89	99
10	20	30	40	50	60	70	80	90	100

comparar

Puedes **comparar** números.

11 es menor que 12.

$11 < 12$

12 es mayor que 11.

$12 > 11$

Puedes **comparar** objetos según su longitud.

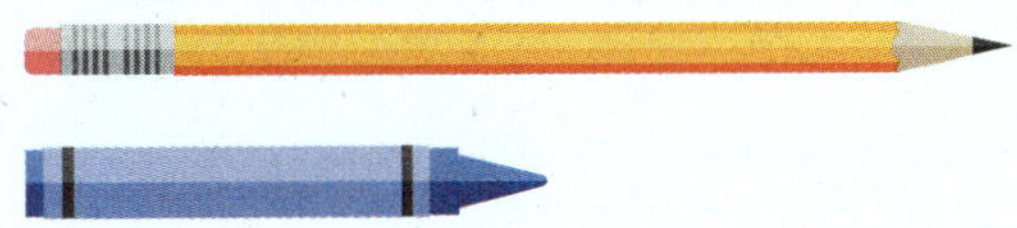

El crayón es más corto que el lápiz.

El lápiz es más largo que el crayón.

cono

contar

*Término basado en investigaciones escolares y desarrollado para *Expresiones en matemáticas.*

contar hacia adelante

$5 + 4 = \boxed{9}$

$5 + \boxed{4} = 9$

$9 - 5 = \boxed{4}$

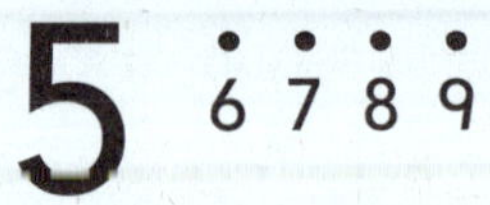

Contar hacia adelante a partir del 5 para obtener la respuesta.

contar todo

$5 + 4 = \boxed{9}$

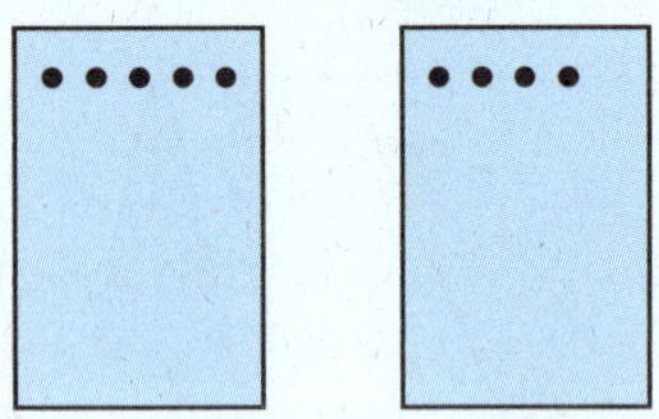

cuadrado

cuadrícula

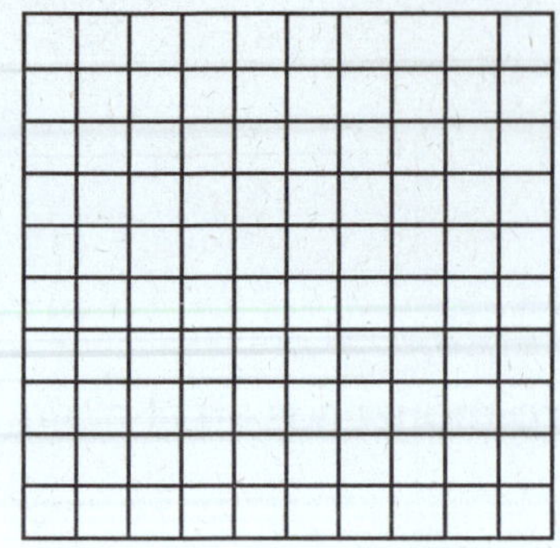

cuartos

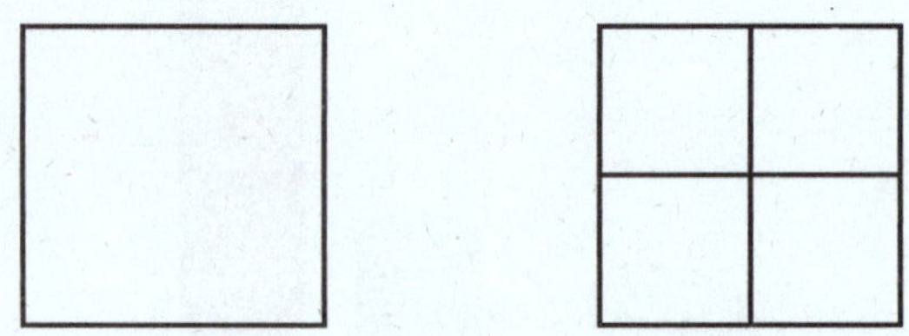

1 entero　　4 **cuartos**

cubo

D

datos

Colores en la bolsa										
Rojo	○	○	○							
Amarillo	○	○	○	○	○	○	○	○		
Azul	○	○	○	○	○	○				

Los **datos** muestran cuántos hay de cada color.

*Término basado en investigaciones escolares y desarrollado para *Expresiones en matemáticas.*

decenas

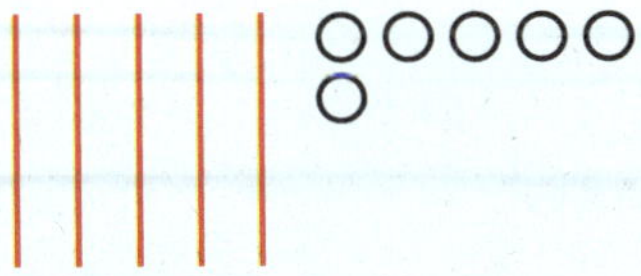

decenas

56 tiene 5 **decenas**.

dibujo de círculos*

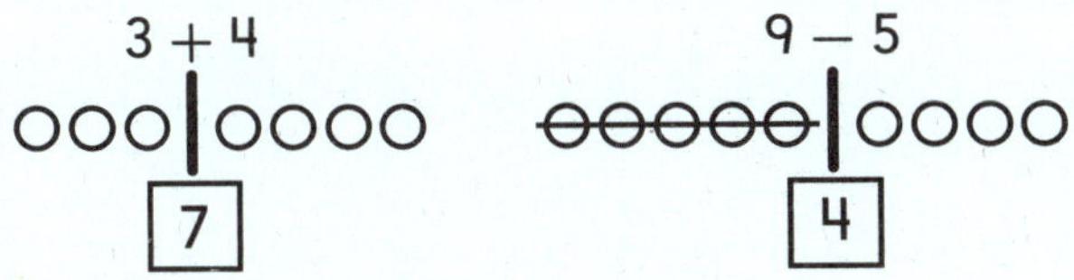

dibujo de prueba*

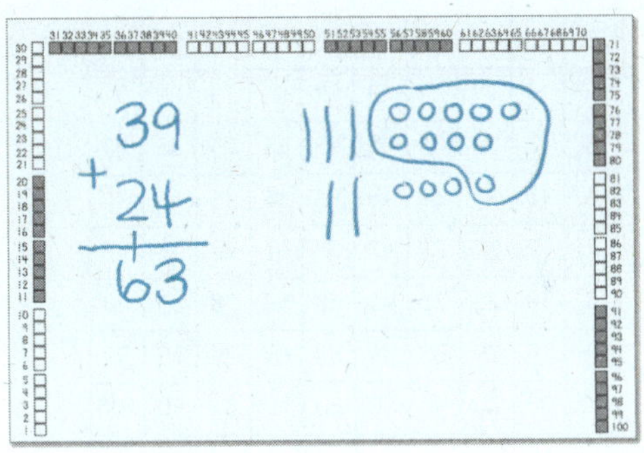

diferencia

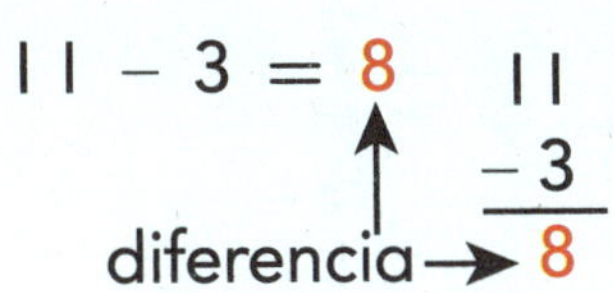

dígito

15 es un número de 2 **dígitos**.

El 1 en 15 significa 1 decena.

El 5 en 15 significa 5 unidades.

dobles

4 + 4 = 8

Ambas partes son iguales; son dobles.

dobles más 1

6 + 6 = 12; por lo tanto,

6 + 7 = 13, 1 más que 12.

dobles más 2

6 + 6 = 12, por lo tanto

6 + 8 = 14, 2 más que 12.

dobles menos 1

7 + 7 = 14, por lo tanto

7 + 6 = 13, 1 menos que 14.

dobles menos 2

7 + 7 = 14, por lo tanto

7 + 5 = 12, 2 menos que 14.

E

ecuación

4 + 3 = 7   7 = 4 + 3

9 − 5 = 4   4 = 9 − 5

el más corto

El clip es **el más corto**.

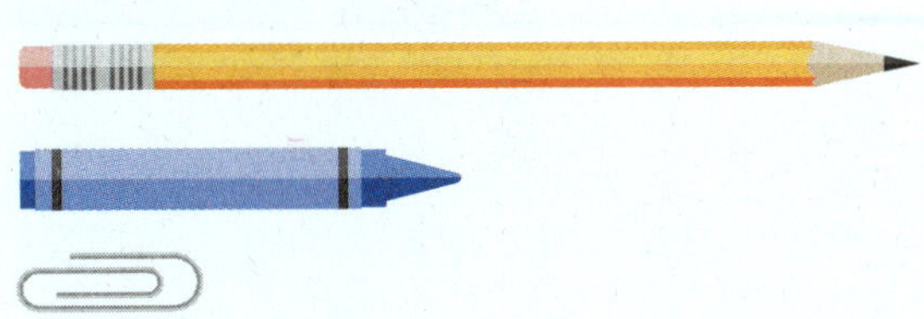

*Término basado en investigaciones escolares y desarrollado para *Expresiones en matemáticas.*

el más largo

El lápiz es **el más largo**.

esfera

esquina

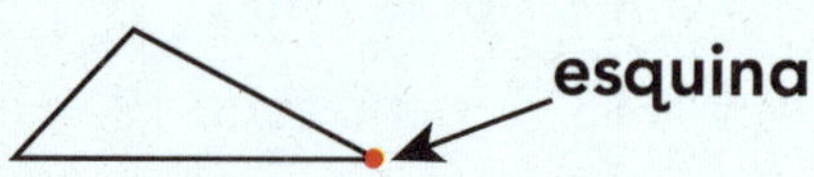

esquina cuadrada

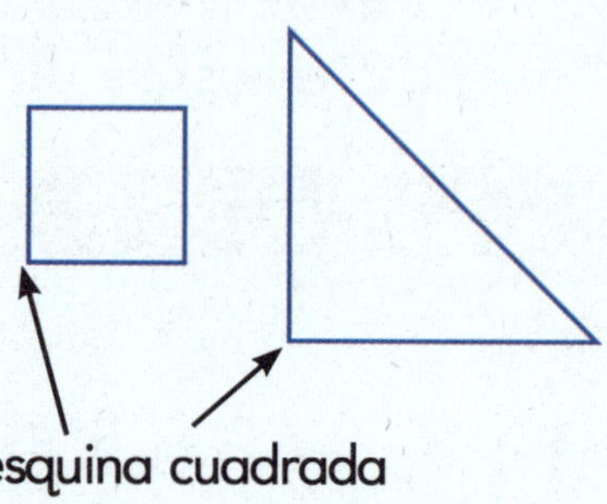

F

figuras

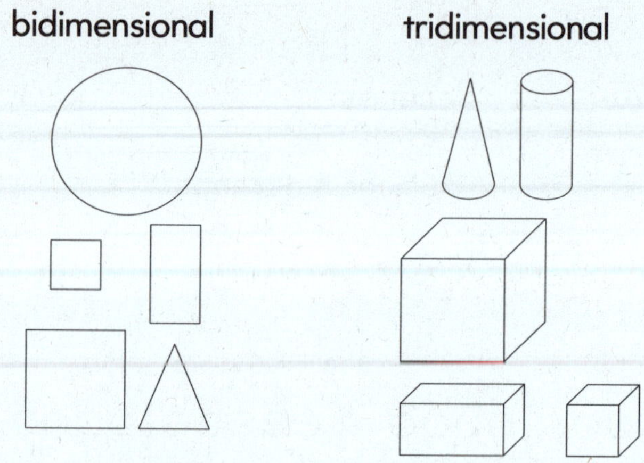

fila

1	11	21	31	41	51	61	71	81	91
2	12	22	32	42	52	62	72	82	92
3	13	23	33	43	53	63	73	83	93
4	14	24	34	44	54	64	74	84	94
5	15	25	35	45	55	65	75	85	95
6	16	26	36	46	56	66	76	86	96
7	17	27	37	47	57	67	77	87	97
8	18	28	38	48	58	68	78	88	98
9	19	29	39	49	59	69	79	89	99
10	20	30	40	50	60	70	80	90	100

forma vertical

$$\begin{array}{r} 6 \\ +\,3 \\ \hline 9 \end{array} \qquad \begin{array}{r} 9 \\ -\,3 \\ \hline 6 \end{array}$$

formar diez

$8 + 6 = \square$

(8 ○○)○○○○

$10 + 4 = 14$,

por lo tanto, $8 + 6 = 14$.

*Término basado en investigaciones escolares y desarrollado para *Expresiones en matemáticas.*

G

gráfica de barras

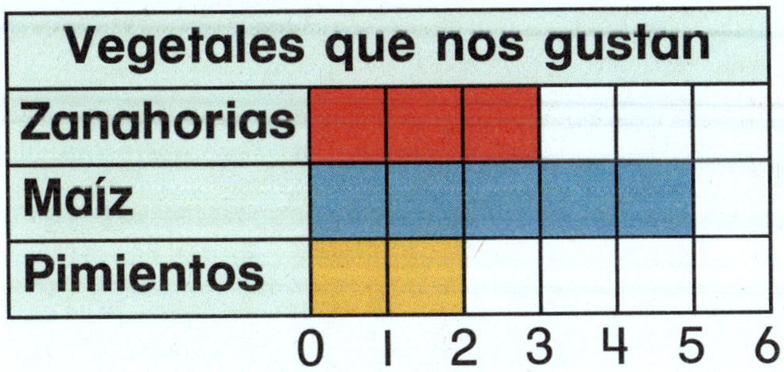

grupo de 10

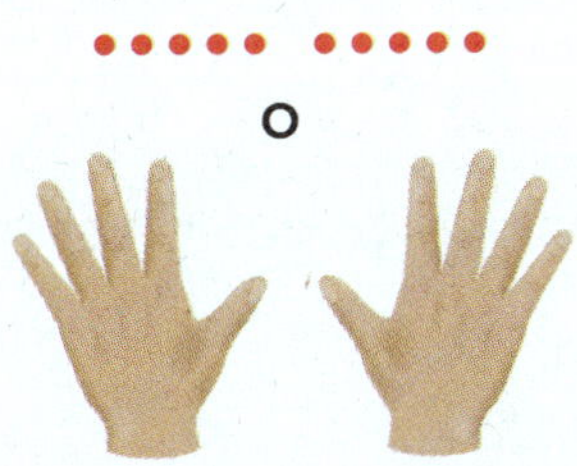

grupo de 5*

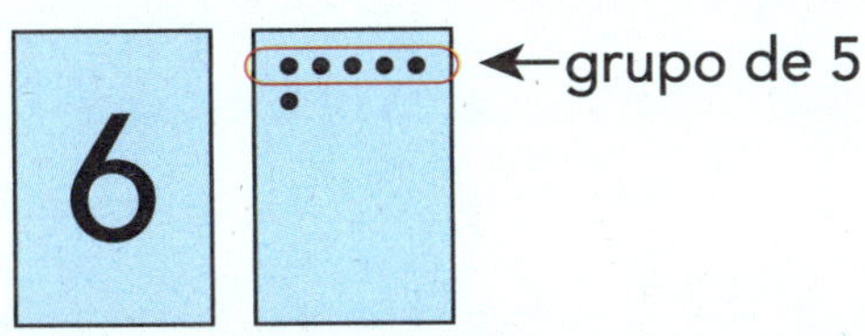

H

hexágono

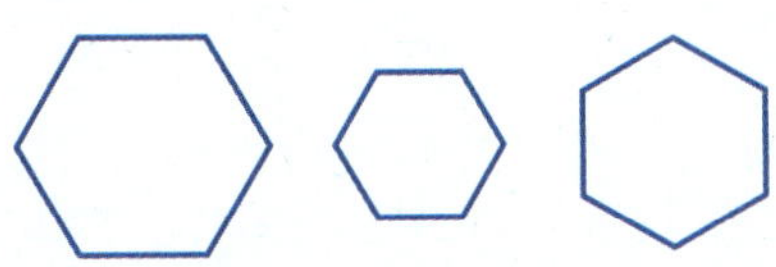

hora

Una **hora** tiene 60 minutos.

horario

I

igual a (=)

4 + 4 = 8

4 más 4 es **igual a** 8.

L

la mayor cantidad

Huevos puestos este mes

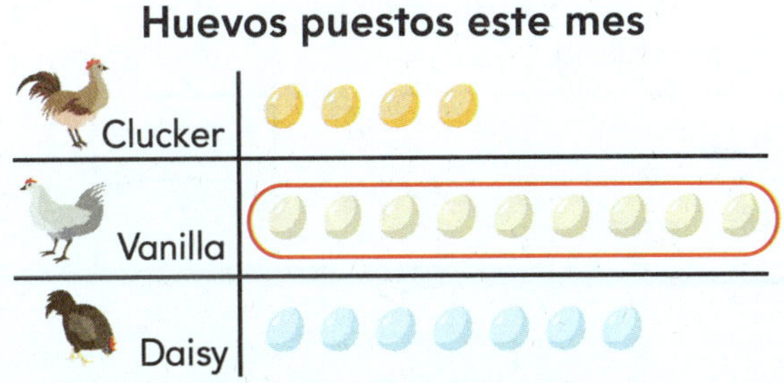

Vanilla puso **la mayor cantidad** de huevos.

*Término basado en investigaciones escolares y desarrollado para *Expresiones en matemáticas.*

la menor cantidad

Huevos puestos este mes

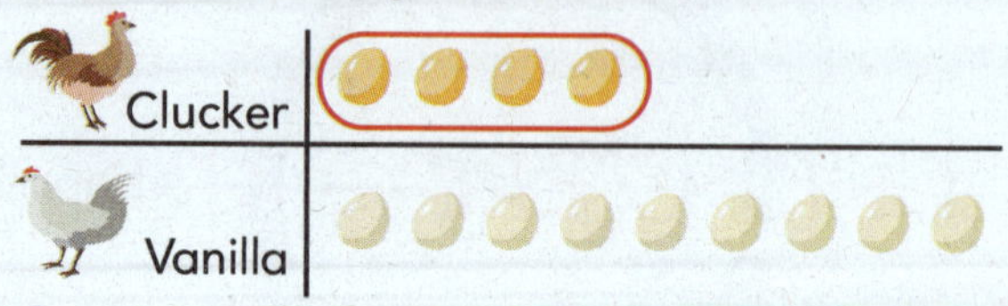

Clucker puso **la menor cantidad** de huevos.

lado

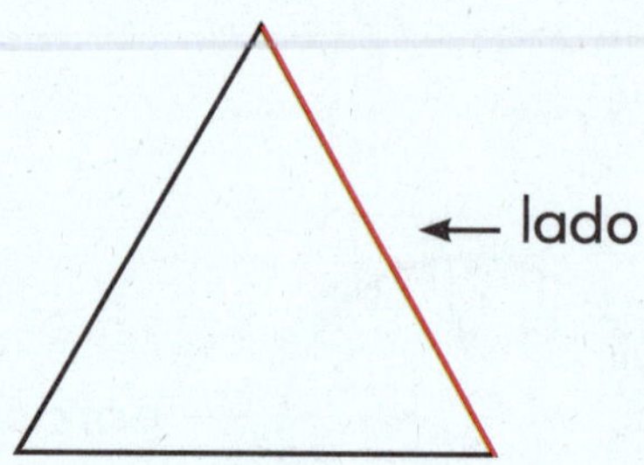

longitud

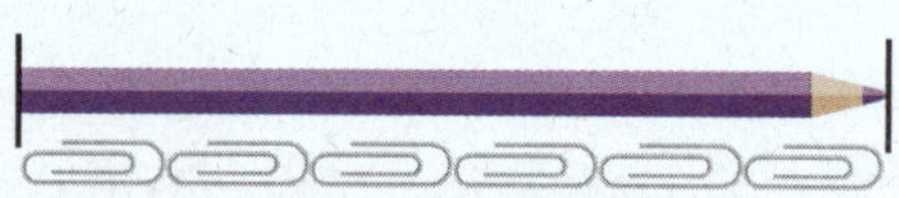

La **longitud** del lápiz es de 6 clips.

M

marca de conteo

Vegetales	Marcas de conteo	Número
Zanahorias	𝍸	5
Maíz	𝍷𝍷𝍷𝍷	4
Pimientos	𝍸 𝍷𝍷	7

más (+)

$3 + 2 = 5$

$$\begin{array}{r} 3 \\ +\ 2 \\ \hline 5 \end{array}$$

3 **más** 2 es igual a 5.

más

Huevos puestos este mes

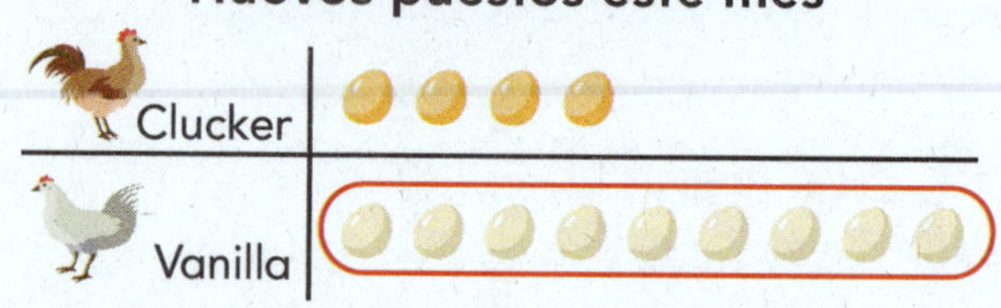

Vanilla puso **más** huevos que Clucker.

más corto

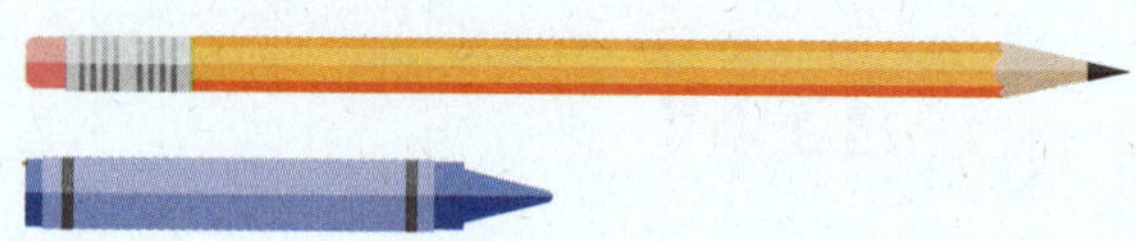

El crayón es **más corto** que el lápiz.

más largo

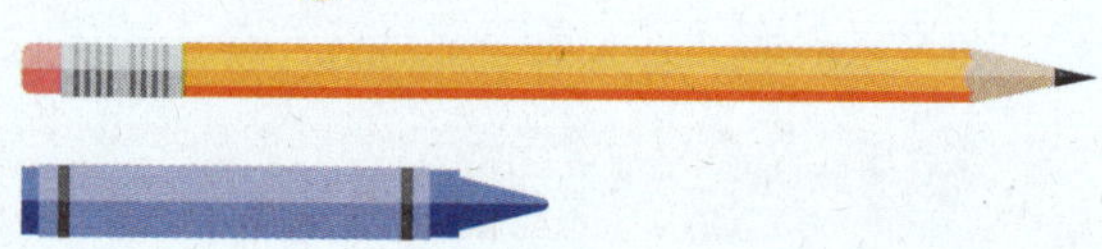

El lápiz es **más largo** que el crayón.

matriz de puntos

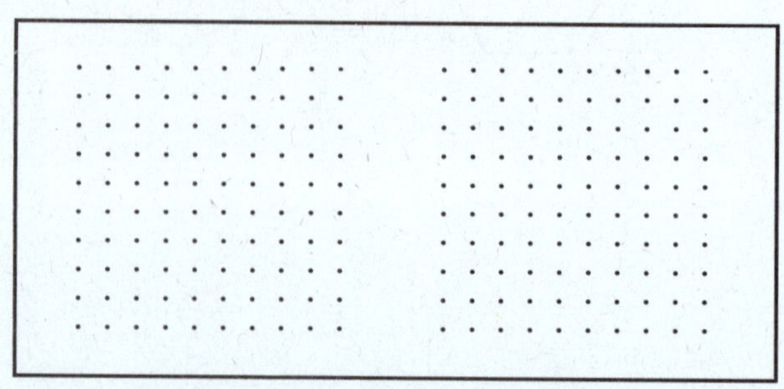

*Término basado en investigaciones escolares y desarrollado para *Expresiones en matemáticas.*

mayor que (>)

34 > 25

34 es **mayor que** 25.

media hora

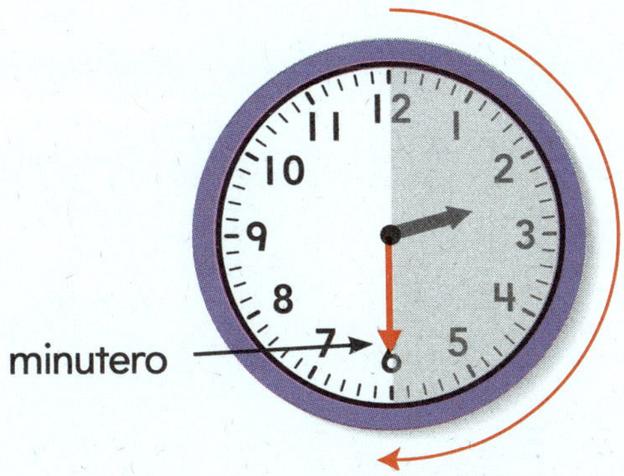

Media hora son 30 minutos.

medir

Puedes usar clips para **medir** la longitud del lápiz.

menor que (<)

45 < 46

45 es **menor que** 46.

menos (–)

$8 - 3 = 5$

$$\begin{array}{r} 8 \\ -\,3 \\ \hline 5 \end{array}$$

8 **menos** 3 es igual a 5.

menos

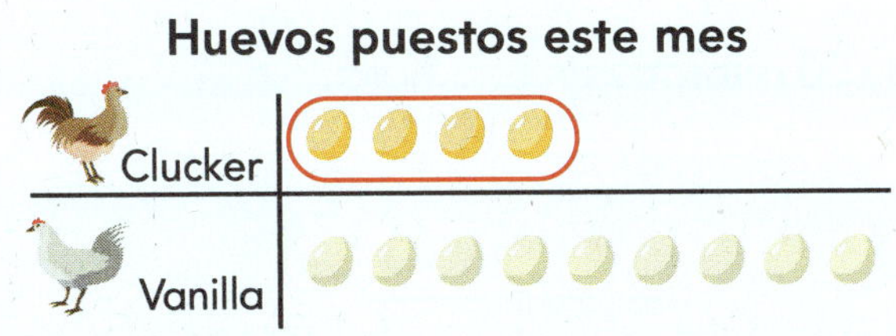

Clucker puso **menos** huevos que Vanilla.

método de mostrar todos los totales*

$$\begin{array}{r} 25 \\ +\ 48 \\ \hline 60 \\ 13 \\ \hline 73 \end{array}$$

método del grupo nuevo abajo*

$$\begin{array}{r} 56 \\ +\ 28 \\ \hline 84 \end{array}$$

6 + 8 = 14
El 1 en la decena nueva en 14 baja al lugar de las decenas.

método del grupo nuevo arriba*

$$\begin{array}{r} {}^{1}56 \\ +\ 28 \\ \hline 84 \end{array}$$

6 + 8 = 14
El 1 en la decena nueva en 14 sube al lugar de las decenas.

*Término basado en investigaciones escolares y desarrollado para *Expresiones en matemáticas.*

minuto

Hay 60 **minutos** en una hora.

mitad de

La **mitad de** la figura está sombreada.

mitades

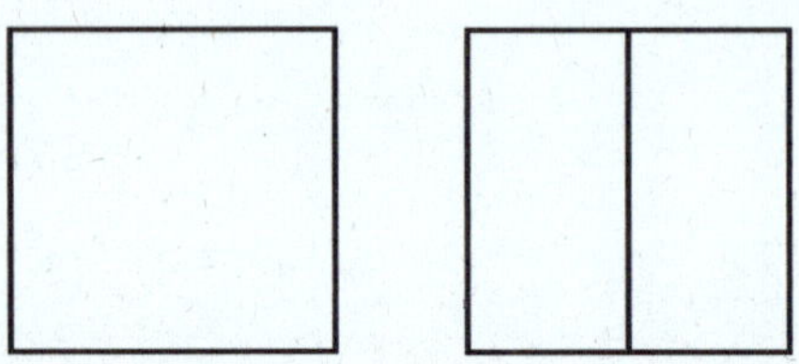

1 entero 2 **mitades**

moneda de 1¢

frente

reverso

1 centavo o 1¢

moneda de 10¢

frente

reverso

10 centavos o 10¢

moneda de 25¢

frente

reverso

25 centavos o 25¢

moneda de 5¢

frente

reverso

5 centavos o 5¢

Montaña matemática*

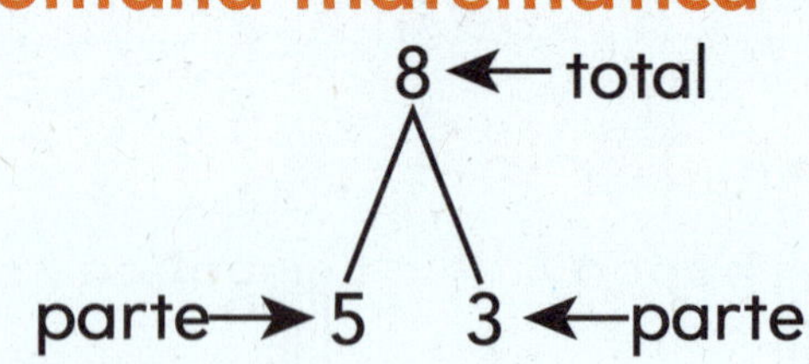

*Término basado en investigaciones escolares y desarrollado para *Expresiones en matemáticas.*

N

no es igual a (≠)

$6 \neq 8$

6 **no es igual a** 8.

número del 11 al 19

11 12 13 14 15 16 17 18 19

números del 11 al 19

número en palabras

12

doce ⟵ número en palabras

números terminados en cero

10, 20, 30, 40, 50, 60, 70, 80, 90

O

orden/ordenar

Puedes cambiar el **orden** de las partes.

$7 + 2 = 9$

$2 + 7 = 9$

Puedes **ordenar** objetos por sus longitudes.

ordenar

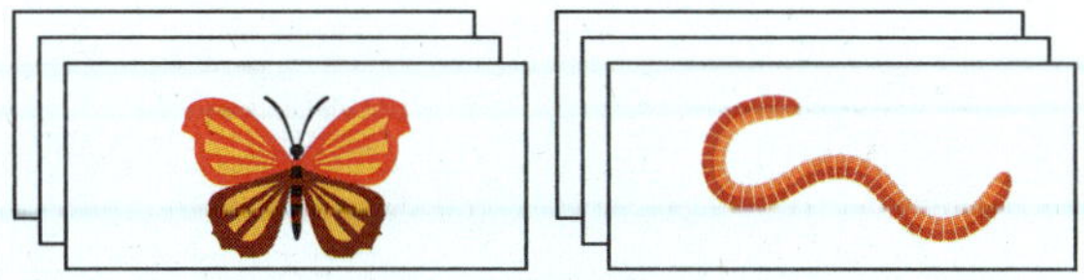

Puedes **ordenar** los animales en grupos.

P

palito de 10*

Puedes representar 32 con **tres palitos de 10** y dos unidades.

palitos y círculos*

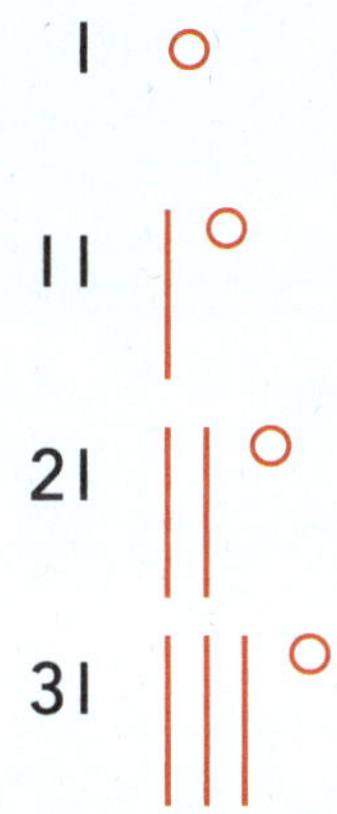

parte*

$5 = 2 + 3$

2 y 3 son **partes** de 5.

parte conocida*

5 + ☐ = 7

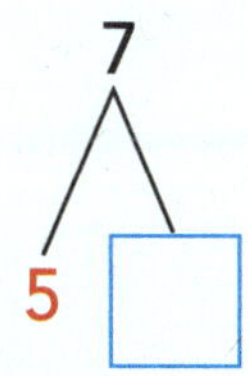

5 es la **parte conocida**.

*Término basado en investigaciones escolares y desarrollado para *Expresiones en matemáticas.*

parte desconocida*

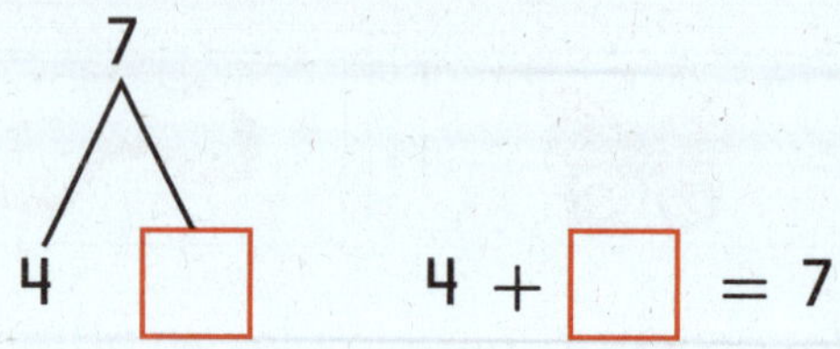

partes iguales

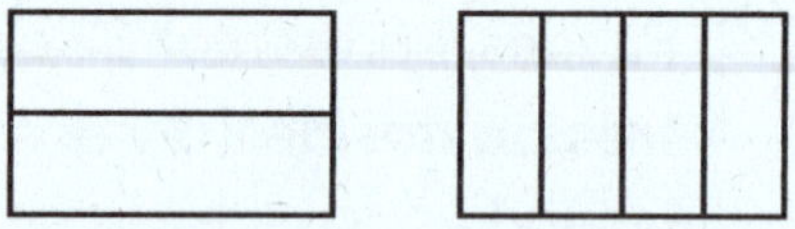

Se muestran **partes iguales**.

patrón

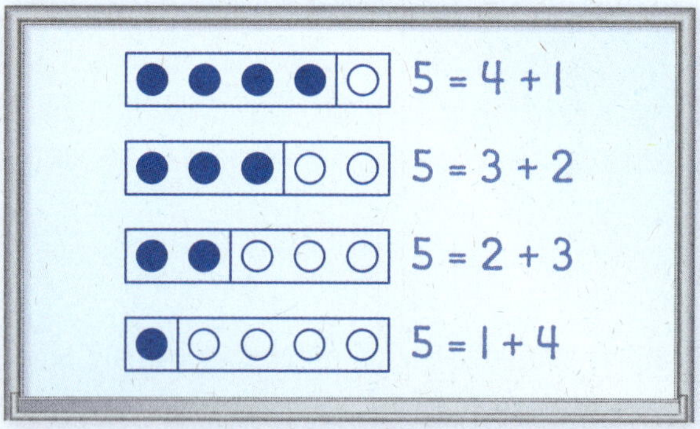

Las partes de un número muestran un **patrón**.

patrón de aumento

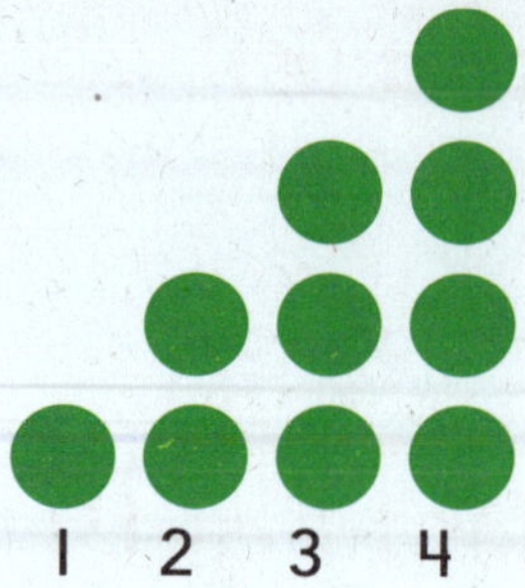

patrón de disminución

patrón que se repite

prisma rectangular

problema de suma

Hay 5 patos.
Luego, se acercan 3 más.
¿Cuántos patos hay ahora?

*Término basado en investigaciones escolares y desarrollado para *Expresiones en matemáticas.*

problemas de resta

Hay 8 moscas en un tronco.
Una rana se come 6.
¿Cuántas moscas quedan?

R

recta numérica

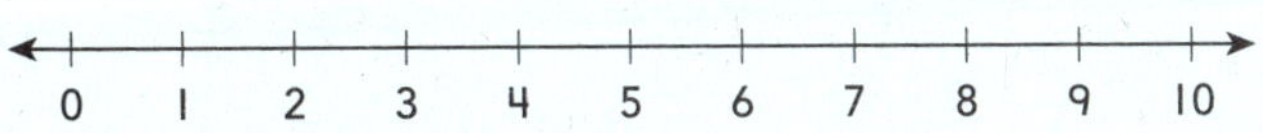

rectángulo

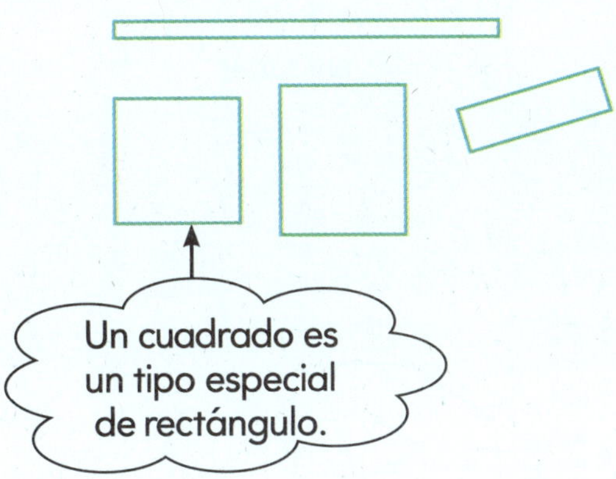

reloj

reloj analógico

reloj digital

restar

$8 - 3 = 5$

S

separar*

Puedes **separar** el número 4.

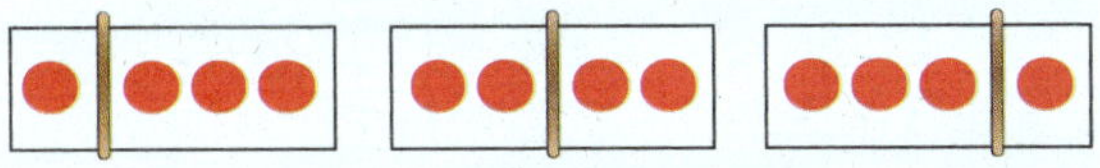

1 y 3, 2 y 2; y 3 y 1 son separaciones de 4.

suma

$3 + 2 = 5$

sumando

$5 + 4 = 9$ — sumandos (partes)

$5 + 4 + 8 = 17$ — sumandos

T

total

$4 + 3 = 7$ — total

$$\begin{array}{r} 4 \\ +\,3 \\ \hline 7 \end{array}$$

*Término basado en investigaciones escolares y desarrollado para *Expresiones en matemáticas*.

total del 11 al 19*

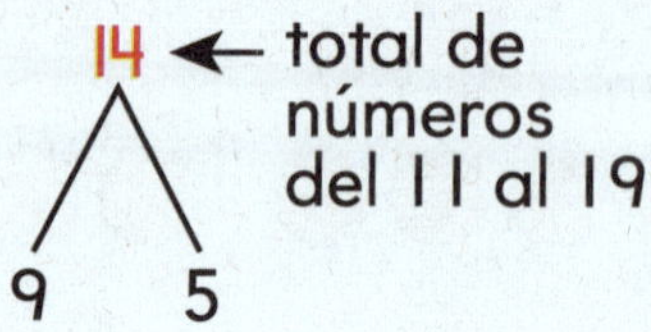

total desconocido*

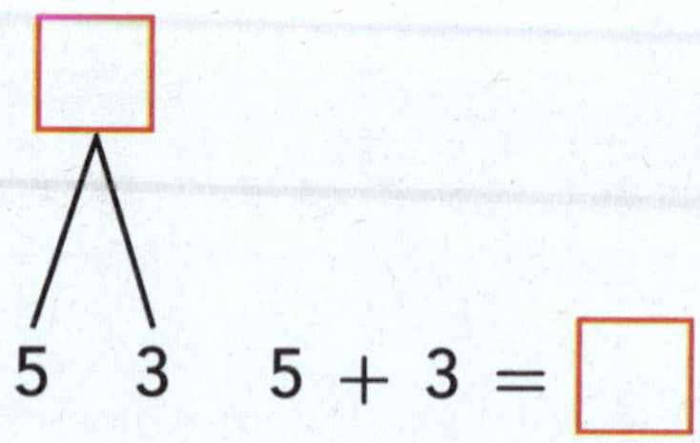

trapecio

tren de partes*

tren del 4

triángulo

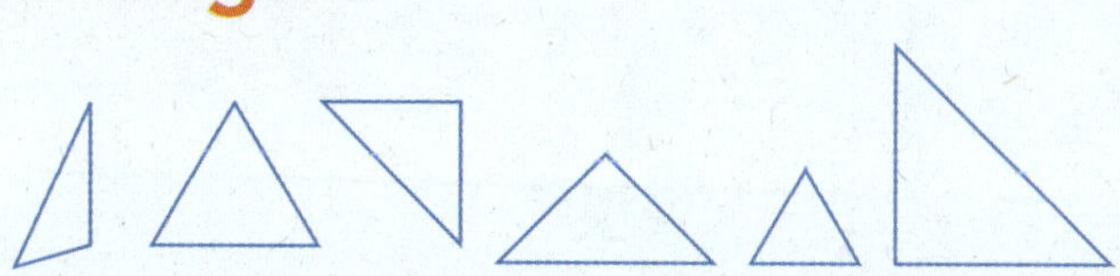

U

un cuarto de

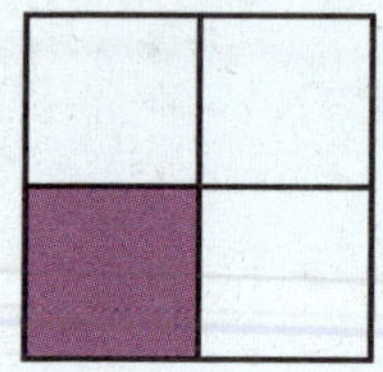

Un **cuarto de** la figura está sombreado.

unidades

56 tiene 6 **unidades.**

V

vértice

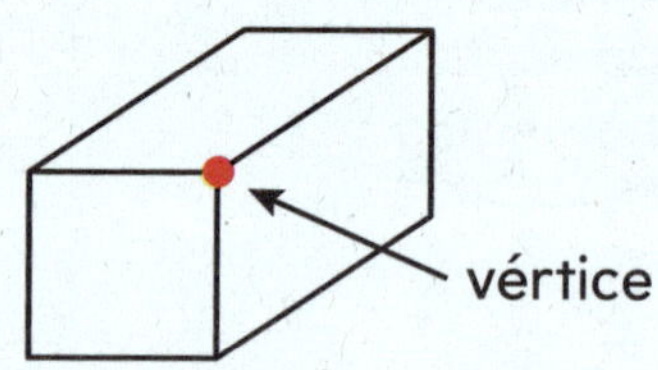

*Término basado en investigaciones escolares y desarrollado para *Expresiones en matemáticas.*

1.ARO Razonamiento y operaciones algebraicos

1.ARO.1	Resuelven problemas de suma y resta que tienen que ver con sumar, juntar, quitar, separar y comparar y que tienen cantidades desconocidas en todas las posiciones; representan problemas mediante palabras, objetos, dibujos, modelos basados en la longitud (cubos interconectados), numerales, rectas numéricas, al igual que ecuaciones con símbolos para la cantidad desconocida.	Unidad 1 Lecciones 2, 3, 4, 5, 6, 7, 8; Unidad 2 Lecciones 1, 2, 3, 4, 6, 8, 10, 11, 12, 13, 14, 15, 16; Unidad 3 Lecciones 2, 3, 4, 5, 6, 7, 8, 9, 10, 11, 12; Unidad 4 Lección 5; Unidad 5 Lecciones 1, 2, 3, 4, 5, 11; Unidad 6 Lecciones 1, 2, 3, 4, 5, 6, 7, 8, 9
1.ARO.2	Resuelven problemas de suma que impliquen tres sumandos con una suma menor que o igual a 20; representan problemas mediante el uso de objetos, imágenes u otros métodos y ecuaciones que tengan un símbolo para la cantidad desconocida.	Unidad 5 Lecciones 6, 11; Unidad 6 Lecciones 1, 4, 5, 9
1.ARO.3	Suman y restan mediante el uso de las propiedades de las operaciones.	Unidad 1 Lecciones 3, 4, 5, 6, 7, 8, 9; Unidad 2 Lecciones 7, 8, 9, 13; Unidad 3 Lección 5; Unidad 4 Lecciones 5, 10; Unidad 5 Lecciones 4, 6
1.ARO.4	Comprenden que un problema de resta se puede ver como una situación con un sumando desconocido.	Unidad 3 Lecciones 6, 7, 8, 9, 10, 12; Unidad 5 Lecciones 2, 5, 10
1.ARO.5	Reconocen la relación entre la suma-resta y conteo y comprenden que las estrategias de conteo se pueden usar para sumar y restar.	Unidad 1 Lecciones 1, 2, 3, 4, 9; Unidad 2 Lecciones 5, 6, 7, 8, 9; Unidad 3 Lecciones 1, 3, 4, 6, 7, 11; Unidad 4 Lecciones 1, 4, 5, 7, 15, 16, 17; Unidad 5 Lecciones 1, 2, 4

1.ARO.6	Suman y restan hasta el 10 con facilidad. Saben sumar y restar hasta el 20 usando estrategias como: para la suma: *contar hacia adelante; formar diez* (ejemplo: 7 + 5 = 7 + 3 + 2, por lo tanto 7 + 3 + 2 = 10 + 2, y 10 + 2 = 12); *hacer una suma igual más fácil* (ejemplo: 9 + 6 = ?, piensan 9 + 1 + 5 = 10 + 5, por lo tanto 10 + 5 = 15; para la resta: *descomponer un número para obtener diez* (ejemplo: 17 − 8 = 17 − 7 − 1, piensan 17 − 7 = 10 y 10 − 1 = 9); *usan una suma relacionada para restar* (ejemplo: si saben que 5 + 6 = 11, entonces pueden calcular 11 − 5 = 6).	Unidad 1 Lecciones 3, 4, 5, 6, 7, 8, 9; Unidad 2 Lecciones 1, 2, 3, 5, 6, 7, 8, 9, 10, 11, 12, 13, 14, 15, 16; Unidad 3 Lecciones 1, 3, 4, 5, 6, 7, 10, 12, Unidad 4 Lecciones 4, 5, 6, 10, 15; Unidad 5 Lecciones 1, 2, 3, 4, 5, 10, 11; Unidad 6 Lecciones 3, 8; Unidad 7 Lecciones 5, 8, 13; Unidad 8 Lección 5
1.ARO.7	Entienden el significado del signo de igual; saben cuando una ecuación de suma o resta es verdadera o falsa.	Unidad 2 Lecciones 3, 4, 11, 12, 13, 16; Unidad 3 Lección 12; Unidad 5 Lección 11
1.ARO.8	Calculan el número desconocido en una ecuación de suma o resta (ejemplos: 9 + ? = 12; 8 = ? − 5; 7 + 2 = ?).	Unidad 1 Lecciones 3, 4, 5, 6, 7, 8; Unidad 2 Lecciones 5, 6, 7, 8, 9, 10, 12, 13, 14, 16; Unidad 3 Lecciones 3, 4, 5, 6, 7, 8, 9, 11, 12; Unidad 4 Lecciones 4, 5, 6, 10, 13, 14, 15, 16; Unidad 5 Lecciones 1, 2, 3, 4, 5, 10; Unidad 6 Lecciones 6, 7
1.ARO.9	Crean patrones simples mediante el uso de objetos, imágenes, números y reglas. Identifican reglas posibles para completar o extender patrones. Los patrones pueden ser repetitivos, de aumento o disminución. Pueden usar calculadoras para crear o explorar patrones.	Unidad 1 Lecciones 10, 11; Unidad 5 Lección 9

1.PVO Valor posicional y operaciones

1.PVO.1	Cuentan, con o sin objetos, hacia adelante o hacia atrás hasta 120, comenzando por cualquier número menor que 120. Para la secuencia de números hasta 120, leen y escriben los numerales correspondientes; representan un grupo de manipulativos con un numeral escrito, suma y resta, imágenes, marcas de conteo, rectas numéricas y manipulativos, como los palitos y los bloques de base 10. Cuentan salteado de 2 en 2, de 5 en 5 y de 10 en 10.	Unidad 4 Lecciones 1, 2, 7, 8, 9, 10, 11, 15, 16, 18; Unidad 5 Lecciones 7, 8, 9; Unidad 6 Lecciones 4, 5

1.PVO.2	Comprenden que en un número de dos dígitos el dígito a la derecha representa las unidades y el dígito de la izquierda representa las decenas.	Unidad 4 Lecciones 1, 2, 3, 4, 7, 8, 9, 10, 11, 12, 13, 14, 16, 17, 18; Unidad 5 Lecciones 7, 8, 9; Unidad 8 Lección 1
1.PVO.2.a	Comprenden que 10 se puede ver como un grupo de diez unidades llamado *decena*.	Unidad 4 Lecciones 1, 2, 3, 4, 9, 10, 16, 18; Unidad 5 Lecciones 8, 10; Unidad 8 Lección 1
1.PVO.2.b	Comprenden que los números del 11 al 19 están formados por una decena y una unidad del uno al nueve.	Unidad 4 Lecciones 2, 3, 4, 5, 8, 10; Unidad 5 Lección 8
1.PVO.2.c	Entienden que los números que terminan en cero del 10 al 90 representan de una a nueve decenas y cero unidades.	Unidad 4 Lecciones 1, 7, 8, 9, 13, 14, 18; Unidad 5 Lección 10; Unidad 8 Lección 1
1.PVO.3	Aplican el concepto del valor posicional para comparar dos números de dos dígitos mediante el uso de los símbolos >, < y =.	Unidad 4 Lecciones 3, 12, 16; Unidad 8 Lección 6
1.PVO.4	Suman números hasta el 100, como un número de dos dígitos y uno de un dígito o un número de dos dígitos y un múltiplo de diez. Comprenden que los grupos de objetos o dibujos y las estrategias se pueden usar para calcular sumas (ejemplos de estrategias: *la relación entre la suma y la resta, valor posicional, propiedades de las operaciones*) y explican cómo se relacionan la estrategia y los resultados anotados. Entienden que para sumar números de dos dígitos, se suman las unidades a las unidades y las decenas a las decenas y, en algunos casos, diez unidades pueden resultar en una decena.	Unidad 4 Lecciones 9, 10, 11, 13, 14, 16, 17, 18; Unidad 5 Lecciones 9, 10, 11; Unidad 8 Lecciones 1, 2, 3, 4, 5, 6
1.PVO.5	Usan el cálculo mental para calcular un número que sea 10 más o 10 menos que un número de dos dígitos (sin contar) y explican su razonamiento para hallar ese resultado.	Unidad 5 Lecciones 8, 9
1.PVO.6	Para los números del 10 al 90, restan múltiplos de 10 que dan diferencias entre 0 y 80. Usan grupos de objetos o imágenes y las estrategias para restar. Las estrategias pueden incluir conceptos de valor posicional, la relación entre la suma y la resta y las propiedades de las operaciones. Explican cómo se relacionan las estrategias y los resultados anotados.	Unidad 5 Lecciones 9, 10, 11; Unidad 8 Lección 6

1.MDA Medición y análisis de datos

1.MDA.1	Comparan para ordenar tres objetos según su longitud. Comparan las longitudes de dos objetos mediante un tercer objeto (comparación indirecta).	Unidad 7 Lecciones 12, 14
1.MDA.2	Saben la longitud de un objeto al colocar unidades más pequeñas del mismo tamaño de punta a punta a lo largo del objeto, sin que queden espacios o se sobrepongan. Comprenden que la longitud de un objeto es el número de unidades del mismo tamaño que se usaron. (Nota: el número de unidades de longitud no debe ser más largo que el objeto que se está midiendo.)	Unidad 7 Lecciones 13, 14
1.MDA.3	Usan relojes digitales y analógicos para expresar la hora de forma oral y escrita en términos de hora y media hora.	Unidad 7 Lecciones 1, 2, 3, 4, 5, 14
1.MDA.4	Organizan, representan e interpretan datos con hasta tres categorías mediante el uso de pictografías, gráficas de barras y tablas de conteo. Formulan preguntas y respuestas sobre cuánto hay en un conjunto de datos y cuánto hay en cada categoría. Comparan el número en una categoría con el número en otra categoría.	Unidad 6 Lecciones 1, 2, 3, 4, 5, 9
1.MDA.5	Reconocen e identifican monedas (de 1¢, 5¢, 10¢ y 25¢) y su valor y usan el símbolo de ¢ (centavo) correctamente.	Unidad 2 Lección 7; Unidad 4 Lecciones 8, 19, 20
1.MDA.6	Conocen los valores comparativos de todas las monedas de los EE.UU. (ejemplo: una moneda de 10¢ vale más que una moneda de 5¢). Calculan los valores equivalentes (ejemplo: una moneda de 5¢ equivale a 5 monedas de 1¢). Resuelven problemas y usan los valores de las monedas en las soluciones de los problemas.	Unidad 2 Lección 7; Unidad 4 Lecciones 8, 19, 20
1.MDA.7	Estudian las monedas de 5¢ y de 1¢ y su relación con los conceptos de valor posicional.	Unidad 4 Lecciones 8, 19, 20

1. GSR Geometría y razonamiento espacial

1.GSR.1	Comprenden la diferencia entre los atributos que definen a una figura (ejemplos: un cuadrado tiene 4 lados de igual longitud y 4 vértices) y los atributos que no definen a una figura (ejemplos: tamaño, color, posición). Construyen y dibujan figuras geométricas de acuerdo a los atributos que las definen mediante el uso de materiales concretos y lápiz y papel.	Unidad 7 Lecciones 6, 7, 8, 9, 10
1.GSR.2	Elaboran figuras geométricas compuestas mediante la unión de figuras bidimensionales (triángulos, cuadrados, rectángulos, trapecios, medios círculos y cuartos de círculos) o figuras tridimensionales (cubos, prismas rectangulares, cilindros y conos), luego forman figuras nuevas a partir de la figura compuesta.	Unidad 7 Lecciones 9, 10, 11
1.GSR.3	Separan rectángulos y círculos en dos o cuatro partes iguales, y usan las palabras *cuartos* y *mitades* y las frases *mitad de* y *cuarto de* para identificar partes del mismo tamaño. Usan los términos "dos de" y "cuatro de" para describir el número de partes iguales en el entero. Comprenden que cuando una figura se separa en más partes iguales, el tamaño de las partes es más pequeño.	Unidad 7 Lecciones 8, 9, 14

MPP1	
Resolución de problemas	Unidad 1 Lecciones 2, 3, 4, 6, 8, 9, 10, 11 Unidad 2 Lecciones 1, 2, 3, 4, 6, 7, 8, 9, 10, 13, 14, 16 Unidad 3 Lecciones 1, 2, 3, 4, 6, 7, 8, 9, 10, 11, 12 Unidad 4 Lecciones 2, 3, 5, 10, 18, 19, 20 Unidad 5 Lecciones 1, 2, 3, 4, 5, 6, 9, 11 Unidad 6 Lecciones 1, 2, 4, 5, 6, 7, 8, 9 Unidad 7 Lecciones 8, 12, 14 Unidad 8 Lecciones 1, 3, 4, 6
MPP2	
Razonamiento abstracto y cuantitativo	Unidad 1 Lecciones 3, 4, 5, 6, 7, 8, 9 Unidad 2 Lecciones 1, 2, 3, 4, 6, 10, 11, 12, 13, 15, 16 Unidad 3 Lecciones 3, 5, 6, 12 Unidad 4 Lecciones 1, 3, 4, 6, 7, 8, 9, 10, 11, 12, 14, 15, 16, 17, 18, 19 Unidad 5 Lecciones 1, 2, 3, 4, 5, 9, 10, 11 Unidad 6 Lecciones 1, 2, 3, 5, 6, 8, 9 Unidad 7 Lecciones 8, 9, 14 Unidad 8 Lecciones 1, 2, 3, 4, 5,6
MPP3	
Aplicación y evaluación del razonamiento lógico	Unidad 1 Lecciones 1, 2, 3, 4, 5, 6, 7, 8, 9, 10 Unidad 2 Lecciones 1, 2, 3, 4, 6, 7, 8, 9, 10, 11, 12, 13, 14, 16 Unidad 3 Lecciones 2, 3, 4, 6, 7, 8, 9, 10, 11, 12 Unidad 4 Lecciones 1, 2, 3, 4, 5, 6, 7, 8, 9, 10, 11, 12, 13, 14, 15, 16, 17, 18, 19, 20 Unidad 5 Lecciones 1, 2, 3, 4, 5, 6, 7, 8, 9, 10, 11 Unidad 6 Lecciones 1, 2, 3, 4, 5, 6, 7, 8, 9 Unidad 7 Lecciones 1, 2, 3, 4, 5, 6, 7, 8, 9, 10, 11, 12, 13, 14 Unidad 8 Lecciones 1, 2, 3, 4, 5, 6
MPP4	
Modelos matemáticos	Unidad 1 Lecciones 2, 3, 9 Unidad 2 Lecciones 1, 2, 6, 10, 13, 16 Unidad 3 Lecciones 1, 2, 5, 6, 7, 8, 9, 10, 11, 12 Unidad 4 Lecciones 2, 3, 4, 5, 10, 18, 19, 20 Unidad 5 Lecciones 1, 2, 3, 4, 6, 8, 9, 11 Unidad 6 Lecciones 2, 3, 4, 5, 6, 7, 8, 9 Unidad 7 Lecciones 3, 8, 12, 14 Unidad 8 Lecciones 1, 2, 3, 6

MPP5	
Utilización de recursos matemáticos	Unidad 1 Lecciones 1, 2, 3, 4, 5, 6, 7, 8, 9 Unidad 2 Lecciones 5, 6, 7, 8, 16 Unidad 3 Lecciones 1, 2, 3, 4, 7, 11 Unidad 4 Lecciones 1, 2, 3, 4, 5, 6, 7, 8, 9, 10, 11, 12, 13, 14, 16, 17, 18, 19 Unidad 5 Lecciones 1, 2, 6, 7, 8, 9, 10, 11 Unidad 6 Lecciones 3, 4, 5, 8, 9 Unidad 7 Lecciones 1, 2, 5, 6, 7, 8, 9, 10, 11, 12, 13, 14 Unidad 8 Lecciones 2, 3, 6
MPP6	
Utilización de lenguaje matemático exacto	Unidad 1 Lecciones 1, 2, 3, 4, 5, 6, 7, 8, 9, 10 Unidad 2 Lecciones 1, 3, 4, 5, 6, 7, 8, 9, 10, 11, 12, 13, 14, 16 Unidad 3 Lecciones 1, 2, 3, 4, 5, 6, 7, 8, 9, 10, 11, 12 Unidad 4 Lecciones 1, 2, 3, 4, 5, 6, 7, 8, 9, 10, 11, 12, 13, 14, 15, 16, 17, 18, 19, 20 Unidad 5 Lecciones 1, 2, 3, 4, 5, 6, 7, 8, 9, 10, 11 Unidad 6 Lecciones 1, 2, 3, 4, 5, 6, 7, 8, 9 Unidad 7 Lecciones 1, 2, 3, 4, 5, 6, 7, 8, 9, 10, 11, 12, 13, 14 Unidad 8 Lecciones 1, 2, 3, 4, 5, 6
MPP7	
Ver la estructura	Unidad 1 Lecciones 1, 2, 3, 4, 5, 6, 7, 8, 9, 10, 11 Unidad 2 Lecciones 13, 14, 16 Unidad 3 Lecciones 1, 3, 9, 12 Unidad 4 Lecciones 1, 2, 3, 5, 6, 7, 8, 9, 10,13, 17, 18, 19 Unidad 5 Lecciones 1, 2, 3, 5, 6, 7, 8, 9, 10, 11 Unidad 6 Lecciones 6, 8, 9 Unidad 7 Lecciones 1, 2, 3, 4, 5, 6, 7, 9, 10, 11, 14 Unidad 8 Lecciones 2, 6
MPP8	
Generalización	Unidad 1 Lecciones 1, 2, 3, 4, 5, 6, 7, 8, 9 Unidad 2 Lecciones 6, 7, 8, 11, 14, 16 Unidad 3 Lecciones 8, 9, 12 Unidad 4 Lecciones 1, 2, 5, 6, 7, 9, 10, 12, 13, 14, 15, 17, 18 Unidad 5 Lecciones 1, 2, 4, 5, 6, 7, 8, 9, 10, 11 Unidad 6 Lecciones 1, 6, 7, 9 Unidad 7 Lecciones 3, 6, 7, 8, 9, 10, 12, 14 Unidad 8 Lecciones 1, 2, 4, 6

A

B

C

R

S

T

V

Ilustrador: Josh Brill

¿Alguna vez has intentado usar figuras para dibujar animales como la rana en la portada?

En los últimos 10 años, Josh ha usado figuras geométricas para diseñar sus animales. Su objetivo es hacer diseños que sean sencillos y usar color para que sean atractivos.

Añade color a esta rana dibujada por Josh. Luego intenta dibujar un gato, un perro o algún otro animal con las figuras que ves abajo.

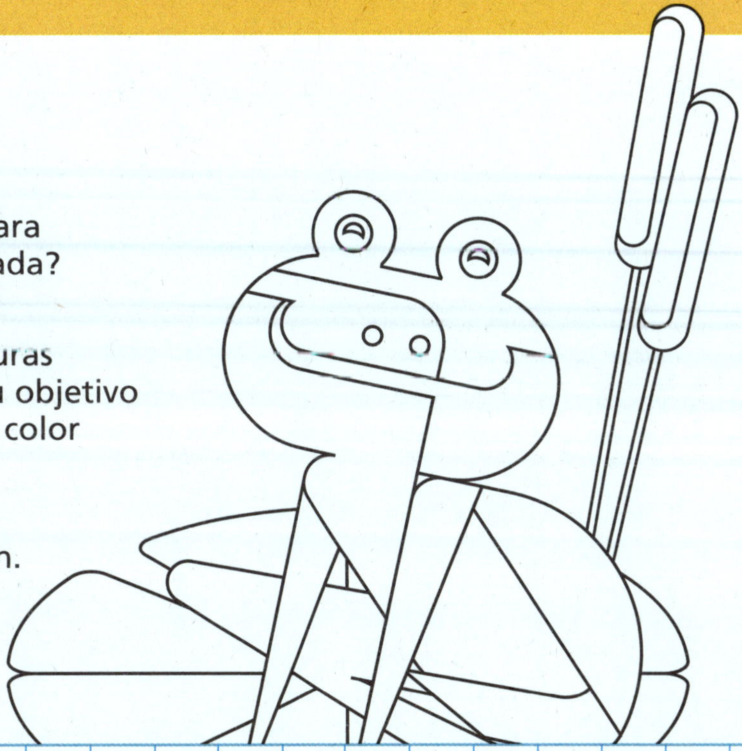

Caja de figuras

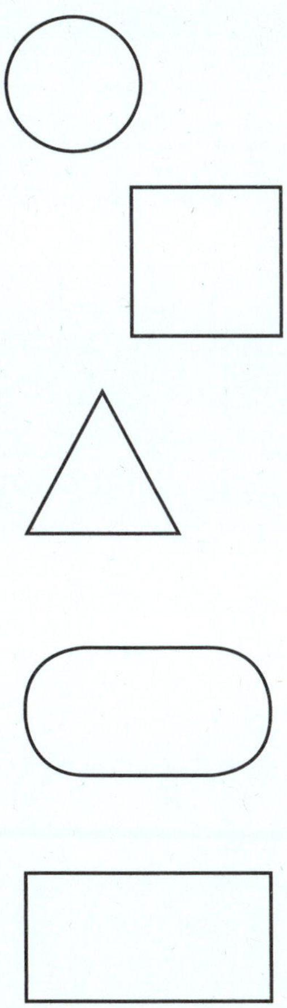